Las siguientes recomendaciones son de mujeres reales que fueron lo suficientemente generosas para leer este libro y ofrecerme sus comentarios mientras lo escribía. Son esposas, madres, estudiantes, hermanas y, sobre todo, hijas de un buen Dios que les da descanso a aquellos que ama. Han recorrido este trabajo antes que tú, y tanto ellas como yo te estamos invitando a transitarlo.

"Aceptar el cansancio y vivir una vida frenética no es lo que Dios desea para ti y para mí. Este libro no solo cambiará el lenguaje con el que describimos el problema, sino que también ofrecerá un camino claro para atravesar tus conflictos actuales hacia el descanso profundo y la vida plena que Dios nos ha prometido. Gracias, Jess, por modificar nuestra actitud con relación al descanso y a vivir plenamente despiertas; gracias a esto, nuestra generación está más fortalecida".

Oghogho Tayo

"¡Este viaje vale la pena! Dios nos ha llamado primero a ser bienamadas por Él, y podemos caminar en la plenitud de esa herencia. Nos libera. El peso del mundo entero no descansa sobre nuestros hombros. Aprender a recuperarse y a vivir desde un lugar de descanso es uno de los actos de devoción más poderosos que experimentarás".

Ellery Sadler

"Veo un cansancio profundo en mí misma, mis amigas y mis pacientes en estos días, más profundo del que la ciencia y la medicina pueden curar. Como Pedro le dijo a Jesús, nuestro Mesías es el portador de las palabras de vida, y en estas páginas, Jess las trae a nuestras almas cansadas. Vivir plenamente despiertas es un principio que ha renovado mis días, y le infunde un nuevo vigor a mi caminar con Jesús. Este libro es de lectura obligatoria".

Kristin Kirkland, MD, MPH

"Una vez más, Jess ha escrito un libro que da vida, es relevante y real, y a la vez, nos convence y desafía de la mejor manera. Gracias, Jess, por hablarle a mi alma y ofrecer consejos prácticos para lograr el verdadero ritmo del descanso".

Lanessa Amburgey

"¡Jess es un ejemplo de autenticidad! Ella practica lo que predica, y haber visto este proceso en acción solo demuestra que puede funcionar y proporcionar mucha libertad vivificante en Cristo".

Heather Gage

"Este libro está lleno de sugerencias prácticas para luchar contra el cansancio en todas las áreas de nuestras vidas. Me encanta el enfoque de Jess sobre este tema, ya que aborda todas las formas en que podemos estar (¡y estamos!) cansadas. ¡Es perfecto para cualquier mujer!".

Sybil K.

"Este libro se convertirá en tu guía práctica para vivir plenamente despierta en los días venideros. Jess habla con mucha honestidad sobre cosas de la vida real, y al mismo tiempo nos muestra la verdad bíblica y su aplicación práctica a tus 'próximos pasos'. Compra más de una copia porque querrás regalarle una a tus amigas".

Tam Odom

"Todos los libros de Jess me han inspirado, pero este resonó en mí aún más. Su sincera discusión sobre cómo reajustar nuestros ritmos de vida para abrazar el regalo del descanso de Dios fue tan atractiva como desafiante para mí, que he sido toda mi vida una persona muy activa. Su sabiduría personal y sus sugerencias prácticas me despertaron a la verdad de que Dios da descanso a aquellos que ama, ¡y Él me ama a mí (y a ti)! Mientras luchamos constantemente contra el cansancio en el campo de batalla de nuestra vida cotidiana, las palabras de Jess nos recuerdan que el descanso de Dios es un regalo precioso que debe ser recibido y disfrutado, no ganado, para nuestro bien y para su gloria. ¡Inscríbeme en el 'Club de Mujeres Despiertas'! ¡Te veré allí!".

Victoria Stewart Malone

"Vivimos en una cultura que tiende a considerar las agendas sobrecargadas y el estar abrumadas y cansadas como una medalla honorífica, pero esta visión no refleja el diseño de Dios. En *Cansada de estar cansada*, Jess escribe a sus lectoras como a una amiga, habla de nuestra necesidad de descanso con autoridad y gracia, y nos desafía a implementar ritmos de vida más saludables. Es hora de dejar de ver el descanso como algo pasivo o perezoso y comenzar a abrazarlo como un regalo de Dios para nuestro propio bien".

Aleah Dixon

Cansada de estar cansada

RECIBE EL DESCANSO REAL DE DIOS
PARA UN AGOTAMIENTO PROFUNDO

Jess Connolly

ORIGEN

Título original: *Tired of Being Tired*

Primera edición: marzo de 2025

Esta edición es publicada bajo acuerdo con Baker Books, una división de Baker Publishing Group, Grand Rapids, Michigan, 49516, USA.

Copyright © 2024, Jess Connolly
Todos los derechos reservados.

Publicado por ORIGEN®, marca registrada de
Penguin Random House Grupo Editorial USA, LLC
8950 SW 74th Court, Suite 2010
Miami, FL 33156

Traducción: Evelia Ana Romano
Copyright de la traducción © 2025, Penguin Random House Grupo Editorial USA, LLC

A menos que se indique lo contrario, las citas de las Escrituras están tomadas de la Santa Biblia, Nueva Versión Internacional®, NVI®. Copyright ©1973, 1978, 1984, 2011 por Biblica, Inc.TM Usado con permiso de Zondervan. Todos los derechos reservados en todo el mundo. www.zondervan.com. La "NVI" y la "Nueva Versión Internacional" son marcas registradas en la Oficina de Patentes y Marcas de los Estados Unidos por Biblica, Inc.TM.; ®; Reina Valera, en sus versiones RVR60®y RVC®.

Penguin Random House Grupo Editorial apoya la protección de los derechos de autor. Los derechos de autor estimulan la creatividad, fomentan la diversidad de voces, promueven la libertad de expresión y crean un ambiente cultural vivo. Gracias por comprar una edición autorizada de este libro y por cumplir con las leyes de derechos de autor al no reproducir, escanear ni distribuir cualquier parte de este en cualquier forma sin permiso. Está apoyando a los escritores y permitiendo que PRHGE continúe publicando libros para todos los lectores. Ninguna parte de este libro puede ser utilizada ni reproducida de ninguna manera con el propósito de entrenar tecnologías o sistemas de inteligencia artificial.

Impreso en Colombia / *Printed in Colombia*

ISBN: 979-8-89098-267-4

25 26 27 28 29   10 9 8 7 6 5 4 3 2 1

Para Anna, Henslee, Caroline, Emily, Liz y Nicci.
Tenemos que venir y ver + ir y contarlo.

Índice

Nota de la autora 9

1. Nuestro cansancio es profundo 11
2. Empeorará si no mejora 24
3. Por qué nos resistimos al descanso 37
4. Encuentra el lugar de tu cansancio 51
5. Cansancio espiritual: "Solo necesito sobrevivir las próximas semanas" 71
6. Cansancio espiritual: "Dios está conmigo y a mi favor" 89
7. Cansancio físico: "No puedo rendirme" 106
8. Cansancio físico: "Mis limitaciones no son una desventaja" 124
9. Cansancio mental: "Mi cerebro está quemado" 144
10. Cansancio mental: "La paz es mi derecho de nacimiento" 162
11. Cansancio emocional: "No puedo más" 181
12. Cansancio emocional: "Soy amada y cuidada" 200
13. Restablece tus rutinas 216
14. Cambia la cultura 236
15. Él da descanso a los que ama 247

Agradecimientos 253
Recursos 255
Notas 257

Nota de la autora

Escribir un libro puede ser una actividad solitaria. Estás sentada en una habitación o en un café, sola, escribiendo palabras que deseas que sean provechosas para las personas, que lleguen a su corazón en toda su verdadera intención, que no te dejen aislada en lo que sientes. Estoy sumamente agradecida de haber tenido un grupo de mujeres que aceptaron leer este libro mientras lo escribía y ofrecerme sus comentarios, no solo a mí en persona, sino también aportando palabras y pensamientos al texto.

Las llamo las parteras de este libro, ya que oraron tanto por mí como por ti, sabiendo que todas lucharemos colectivamente contra el cansancio en estas páginas. Me honra compartir sus nombres a continuación, y son sus recomendaciones las que acabas de leer cuando abriste este libro. En los próximos capítulos, verás aparecer citas breves de algunas de ellas en las secciones de "Lo que las mujeres tienen para decir". De todas formas, debes saber que, sea que encuentres una cita directa de ellas o no, sus manos, sus corazones y sus historias están en todo el libro.

Les presento a las parteras:

Aleah Dixon	Erin Anspach
Lanessa Amburgey	Gianna
Tam Odom	Evonne Heredia
Victoria Stewart Malone	Morgan Strehlow
Alexa I.	Sybil K.
Rachel Sweatt	Nicole Smith
Jessie Hood	Ellery Frost
Kristin Kirkland, MD, MPH	Megan Renck
Setareh Campion	Natalie McPheron
DeAnna Allen	Makayla
Chloé Minyon	Giovanna
Brittany Pomeroy	Brittany Estes
Rachel Johnston	Heather Gage
Nicole Gillette	Jennifer Brown-Carpenter
Kerry Scheidegger	Oghogho Tayo

Gracias, amigas.

Uno

Nuestro cansancio es profundo

Todas las mujeres que conozco están cansadas.

En todas las etapas de su vida, están exhaustas. Sean sus hijos pequeños o mayores, sea que trabajen en el hogar o fuera de él, cada madre que conozco está cansada. Mis amigas que acaban de graduarse de la universidad están cansadas. Las madres cuyos nidos están vacíos pensaron que la etapa de noches sin dormir había terminado para siempre, pero siguen exhaustas. Todas las mujeres que conozco están cansadas.

Se manifiesta de diferentes maneras. Contenemos lágrimas de cansancio cuando una amiga nos pregunta cómo estamos. Retenemos profundos suspiros por la mañana, incrédulas de que la noche ya se haya terminado. Vemos las redes sociales con nostalgia, preguntándonos cómo es que ella puede irse de vacaciones tantas veces. *Debe ser agradable*, pensamos. Empezamos a sentir que nuestra ansiedad aumenta a medida que el fin de semana se desvanece y el "miedo del domingo" se avecina de verdad.

Bromeamos sobre cuánto dormiremos cuando estemos muertas. Nos prometemos a nosotras mismas que mejorará después de la próxima fecha límite, el próximo mes, el próximo evento o la próxima temporada.

Sin embargo, no mejora.

La pregunta es: ¿estamos lo suficientemente cansadas como para cambiar nuestra actitud, lo suficientemente cansadas como para cambiar nuestra vida, lo suficientemente cansadas como para preguntarnos con honestidad cómo llegamos aquí y cómo salimos de este ciclo de agotamiento?

Heredamos este cansancio

Vengo de un increíble linaje de mujeres, aunque hay una parte de nuestra herencia de la que podría haber prescindido: no somos buenas para dormir.

Pensé que había escapado a esa maldición porque durante mi adolescencia y mis primeros veinte años podía dormir en cualquier lugar. En realidad, todavía puedo dormirme en cualquier lugar, pero no permanecer dormida. Eso es un sueño inalcanzable, un barco milagroso que zarpó y se alejó rápidamente de mí justo cuando tuve a mi último hijo.

Crecí sabiendo que mi mamá no dormía. Veía la luz de su habitación encendida en medio de la noche o notaba señales reveladoras en la mañana: una taza, un libro, un diario personal garabateado, cosas que habían sido abandonadas en desorden cerca de una silla después de que ella se levantara de la cama de madrugada. Ella nunca se quejaba; ni siquiera decía que no había dormido bien. Solo sabíamos que había estado despierta por horas.

Así que, cuando comencé a padecer la falta de sueño, lo acepté y me dispuse a aprovechar el tiempo. Rezaba en silencio en la cama, agradecida de que al menos mi cuerpo estuviera descansando. Deslizaba imágenes en mi teléfono, hacía listas o recorría tiendas en línea, ponía cosas en el carrito de la aplicación que nunca compraría, mientras pensaba: *¡Una chica puede soñar! Si no puedo soñar de verdad, puedo "soñar compras"*.

En las peores noches, cuando el sueño no llegaba, trataba de salir de la cama sin despertar a mi esposo, sacaba con cuidado mi manta favorita de debajo de las sábanas y me iba a la sala de estar para comenzar el día. Hacía lo mismo que mi madre solía hacer: leía la Biblia, escribía en mi diario y eventualmente sacaba mi computadora portátil y me ponía a trabajar. No me quejaba, o al menos trataba de no hacerlo, cuando la familia comenzaba a despertarse a horas razonables. Esto es lo que había heredado. Así eran las cosas.

Todo cambió en una primavera cuando tenía treinta y siete años, y las ocasionales noches de insomnio se convirtieron en largos y agonizantes períodos. A decir verdad, hubiera sido una historia diferente si el insomnio no hubiera sido causado por la ansiedad: ataques de pánico continuos que comenzaban cuando me iba a dormir y no cesaban hasta que salía el sol.

En mi caso, empezaba con una tarea sin terminar o un pensamiento ocasional sobre algo que no había hecho bien. Luego, esa pequeña brasa se encendía en mi mente; el fuego se expandía y alcanzaba otras brasas: tareas para el día siguiente, problemas irresolubles, profundas preguntas espirituales, y un temor persistente por cuánto dependían otras personas de mí. Si has luchado contra el insomnio, conoces el fuego que arde cuando las horas pasan y te imaginas todo el día siguiente con cuatro horas de sueño, o con tres... bueno, con solo dos.

Me acostaba y trataba de hacer respiraciones profundas, o intentaba con desesperación calmar mis pensamientos ansiosos con oraciones, hasta que sentía que todo mi cuerpo ardía de miedo. Al mismo tiempo, dentro de mí sabía que el agotamiento había quemado la parte física de mi ser y ahora el fuego se esparcía por mi espíritu, mi mente y mis emociones.

También estaba aprendiendo que mis problemas espirituales se convertían en físicos cuando no los atendía. Mi fatiga invisible se estaba volviendo visible e inevitable.

No puedo decir que ese período surgió de la nada porque he rastreado su causa radical, y pronto la compartiré contigo. Sin embargo, sí puedo decirte que una noche tormentosa se convirtió en dos noches difíciles que, a su vez, se convirtieron en varias semanas y meses en los que apenas me reconocía a mí misma.

Me sentía sinceramente aliviada cuando llegaba la mañana. Significaba que lo peor había pasado. Sin embargo, de alguna manera tendría que pasar el desdibujado y angustiante día rezando para que nadie me preguntara cómo estaba.

Porque estaba muy cansada.

Y estaba cansada no solo porque no había dormido. Este cansancio ahora estaba arraigado en cada faceta de mi ser: mi alma, mi mente, mi corazón y mi cuerpo.

Ese es el problema del cansancio: siempre quiere más. Permea cada faceta de nuestra vida hasta que abordamos la fuente de nuestra fatiga.

En cuanto a mí, estaba cansada de ponerme en pie y enfrentar una avalancha de mentiras espirituales con la verdad.

Estaba cansada de tratar de atravesar las próximas semanas, cuando el alivio no parecía llegar nunca.

Estaba cansada de tratar de obedecer y complacer a Dios.

Estaba cansada de ser todo para todos.

Estaba cansada de acudir cuando otros no lo hacían.

Estaba cansada de servir, limpiar, liderar y amar con todo mi cuerpo.

Estaba cansada de la gimnasia mental que se necesitaba para que yo misma y mi familia viviéramos un día, desde las citas hasta la planificación de las comidas, las actividades extracurriculares y todo lo demás.

Estaba cansada de responder las preguntas existenciales de los otros, sin siquiera llegar a considerar las mías.

Estaba cansada de hacer malabares cada insufrible minuto de cada día agotador.

Estaba cansada de las emociones reprimidas que amenazaban con salir si tenía un momento a solas.

Estaba cansada de que el trauma de mi pasado se asomara por detrás de las interacciones cotidianas.

Estaba cansada de procesar todas las cosas para poder estar presente y ser una persona amable.

A pesar de haber leído todos los libros sobre el descanso que pude conseguir, a pesar de ver a un director espiritual, a pesar de tomarme un día libre a la semana, a pesar de hacer ejercicio y mover mi cuerpo y beber batidos verdes, estaba ridículamente cansada.

¿Qué podía hacer? Me levantaba de la cama, me lavaba la cara, ponía hielo en mis ojeras, me servía una taza de café, me ponía ropa limpia y lo intentaba de nuevo. Todo eso solo resultaba en el temor de encontrarme de nuevo cara a cara con el insomnio nocturno y el cansancio del alma en unas pocas horas.

Es evidente que no somos la primera generación que lucha contra el cansancio, ya que todas las tendencias y tensiones que nos mantienen viviendo cansadas se han ido acumulando durante siglos. Heredamos este cansancio colectivamente, sin importar qué tan bien durmieran nuestras madres.

Tú también estás cansada

En el nombre de Jesús, rezo para que no tengas incesantes noches de insomnio y días de intentarlo, intentarlo e intentarlo de nuevo.

Rezo para que tu agotamiento no se haya convertido en horas de ansiedad que dejan tu cuerpo enardecido y maltrecho.

Lo más probable es que tú también estés bastante cansada.

Lo que quiero decir es que puedo adivinar que estás cansada porque abriste este libro. En verdad, las mujeres somos un pueblo cansado.

Desafortunadamente, hemos aprendido a aceptar el cansancio como nuestra realidad, hemos aprendido a llevar todo nuestro trajín como una insignia honorífica, y nuestra fatiga es el precio que pagamos por ser mujeres.

Es posible que hayas oído hablar de la brecha salarial. Consiste en que los hombres sistemáticamente ganan más que las mujeres por hacer los mismos trabajos. ¿Sabías que ahora los investigadores han confirmado lo que la mayoría de nosotras ya esperábamos? También hay una brecha de género en el cansancio. Según las estadísticas, las mujeres tienen casi un veinte por ciento más de probabilidad de experimentar cansancio y agotamiento que los hombres.[1]

Dos de cada tres mujeres dicen que no solo se sienten cansadas, sino que han alcanzado un estado de agotamiento. Esa estadística es mucho más alta entre las mujeres en el rango de veinticuatro a treinta y cuatro años. La investigación muestra que estamos más cansadas no porque seamos más débiles o menos resistentes; más bien, somos más propensas a asumir más responsabilidades en múltiples esferas: física, emocional y mental.

No te lo has imaginado: las mujeres tienen 1,5 veces más probabilidades que los hombres de despertarse sin sentirse descansadas (con aproximadamente la misma cantidad de sueño). Cuando se le pidió que desglosara estos datos, Seema Khosla, la doctora que encontró esta información, se refirió a la "increíble cantidad de presión que sienten algunas mujeres" y dijo: "Necesitamos guardar nuestras capas de superheroínas".[2]

Y si acaso te lo preguntas, o tal vez ya tenías una corazonada, vivir una pandemia global devastó nuestra ya frágil relación con el cansancio y la salud mental como mujeres. Ahora una de cada dos mujeres dice que está lidiando con alguna forma de ansiedad y con un cansancio notable.

Tú y yo somos mujeres inteligentes. Sabemos cuándo algo está mal o cuándo está ocurriendo algo sospechoso.

Muy a menudo, la vergüenza nos ha llevado a creer que este es *nuestro* problema y que algo está mal con nosotras porque no podemos resolverlo. En lugar de sentirnos afligidas por nuestro agotamiento y usar nuestra energía para combatir nuestra fatiga, nos hemos sentido avergonzadas, y eso nos ha impedido averiguar su causa principal.

Siento que estoy cansada porque me he comprometido a hacer más de lo que debería. Creo que estoy cansada porque no soy tan fuerte como las mujeres que me rodean. Pienso que tal vez estoy cansada porque mis ritmos o límites están desregulados. Siento que estoy cansada porque pierdo el tiempo con mi teléfono en lugar de dormir. Podría estar cansada por mi enfermedad autoinmune, mis hijos y la fecha límite que se avecina.

Sin embargo, mis amigas están cansadas y no siento que su fatiga sea culpa de ellas.

Mi amiga Lindsay no tiene noches de insomnio llenas de ansiedad como yo, pero está criando a un hijo con una salud frágil que necesita atención las veinticuatro horas del día. Mi compañera de trabajo, Emily, no es esposa ni madre, pero maneja múltiples clientes para desarrollar su carrera como *freelance* y siente que trabaja hasta consumirse absolutamente. Otra amiga, Anne, una madre con un nido vacío, pensó que esta sería su temporada de descanso, pero se encuentra cuidando a sus nietos casi a tiempo completo. No quiere vivir cansada, pero quiere estar presente para su familia. ¿Cómo se supone que puede hacer ambas cosas?

¿Son las madres solteras culpables de lo cansadas que están? ¿Deberían las chicas universitarias sentir vergüenza por el rendimiento que se espera de ellas y vivir bajo la presión que sienten? Cuando piensas en épocas pasadas de tu vida y ves tu propia fatiga, ¿asumes que todo es tu culpa?

Si damos un paso al costado y vemos todos estos datos, tal vez tú y yo podamos juntar nuestras sabias cabezas, usar el poder del Espíritu que levantó a Jesucristo de la tumba y hacernos algunas preguntas importantes:

¿Por qué el enemigo de nuestras almas tiene como blanco la energía de las mujeres?

¿Por qué cada mujer que conocemos experimenta el cansancio a un nivel espiritual profundo?

¿Qué pasaría si la culpa por nuestro propio cansancio, en la que quedamos atrapadas, es una estratagema para impedirnos averiguar qué es lo que realmente lo provoca?

¿Qué sucederá si empezamos a ver esto desde una perspectiva espiritual, práctica y realista? ¿Por qué estamos tan cansadas? ¿Cómo llegamos a este punto? ¿Qué dice Dios al respecto y qué nos ayudará realmente?

¿Qué pasaría si tiráramos nuestras tazas de café (figurativamente; no rompas esa taza tan linda) y gritáramos: "¡Basta!"? Estamos cansadas de decir que estamos cansadas. Estamos cansadas de estar cansadas. Estamos cansadas de sentirnos cansadas.

Jesús no ganó nuestra libertad para una vida de fatiga, así que tiene que haber algo más que un ciclo interminable de agotamiento.

Este es en realidad un problema cultural que exige una respuesta espiritual y práctica.

Estamos cansadas espiritualmente porque nos enfrentamos a una cultura con una actitud derrotista, que asume que el agotamiento es inevitable en lugar de luchar por el descanso. Adoramos el ajetreo en lugar de un ritmo de actividad razonable y recompensamos a las mujeres por esforzarse más en lugar de bendecir los límites que Dios nos ha dado.

Encontrar el descanso del alma requerirá luchar contra la aceptación derrotista de que siempre será así, derribar los ídolos de la ocupación y el ajetreo constantes, y reconocer nuestra propia necesidad de renovación, mientras ideamos obedientemente ritmos que nos permitan un andar sostenible.

Queremos la vida libre y ligera que nuestro Amigo y Salvador nos prometió en Mateo 11.

> Vengan a mí todos ustedes, los agotados de tanto trabajar, que yo los haré descansar. Lleven mi yugo sobre ustedes, y aprendan de mí, que soy manso y humilde de corazón, y hallarán descanso para su alma; porque mi yugo es fácil, y mi carga es liviana. (Mt 11:28-30)

Estamos cansadas de estar cansadas. Y estamos listas para vivir.

¿Te sientes motivada? Espero que sí, porque yo ciertamente lo estoy.

Sentirnos culpables por estar cansadas no nos ayuda. Leer libros escritos por personas que no entienden nuestro padecimiento o nuestra vida exacerba el problema. Tratar de "dejarlo en manos de Dios" y "simplemente no preocuparse" no alivia el profundo problema del alma que aviva nuestro cansancio.

Creo que, para sentirnos mejor, ver un cambio duradero y experimentar la sanación de nuestro verdadero agotamiento, vamos a necesitar ponernos un poco combativas.

¿Qué pasa si estás demasiado cansada para luchar? ¿Qué pasa si solo necesitas ayuda porque tu cuerpo, tu alma y tu mente están bostezando y amenazando con apagarse por completo? Me ofrezco como la amiga entusiasta que lucha contigo y por ti.

Hola, mi nombre es Jess, y no soy una persona apacible.

Mi vida no es preciosa, ni gentil, ni tranquila.

Tengo un esposo y cuatro hijos, tres de los cuales son adolescentes. Ninguno de mis hijos es apacible. ¡Son amorosos! ¡Son buenos! Sin embargo, no son niños tranquilos, y eso, en verdad, les viene de herencia. Su papá y yo nos conocimos en la escuela secundaria, donde rápidamente decidimos que queríamos dejar el mundo más asombrado por la grandeza de Dios de lo que lo encontramos, y hemos continuado en esa misión por los últimos veinte años.

Él es un visionario, un soñador apostólico de ojos grandes que crea cosas de la nada y no se detiene hasta que aquello que esté haciendo sea perfecto, ya se trate de cargar el lavavajillas o construir una comunidad que irradie la luz de Jesús en un mundo oscuro.

Yo soy una *coach* apasionada que quiere que todos sigan avanzando hacia lo que Dios los ha llamado a cumplir; odio la derrota y amo el cambio. No sé cuándo es hora de retirarme, ya se trate de ayudar a las mujeres a cumplir su vocación o de lograr que mis hijos hagan sus tareas.

Dirigimos una iglesia pequeña, que congrega en el presente unas ciento cincuenta personas, pero grande en corazón y visión. Queremos ver la renovación de la iglesia estadounidense, y estamos comenzando aquí en Charleston, Carolina del Sur. Vivimos en pleno centro de la ciudad, donde circulan personas sintecho, a menudo ululan las sirenas, los que vuelven de las fiestas vomitan en nuestro jardín, y la puerta está siempre abierta para los miembros de nuestra iglesia.

Lidero un equipo de mujeres en mi pequeña empresa, Vayan y Cuenten Mujeres [*Go + Tell Gals*], donde preparamos y alentamos a mujeres de todo el mundo. Entrenamos a mujeres y certificamos a otras *coaches* en nuestro proceso. Nos encanta lo que hacemos, y por eso, a veces, nos cuesta dejarlo. Además del hermoso impacto espiritual que tiene nuestra tarea, rara vez se me olvida que los ingresos de múltiples personas dependen de mi trabajo. También los llamados de cientos de mujeres dependen de mi lucha por ellas, de afirmar sus dones entrenándolas y... trabajando.

No estoy presumiendo, porque si soy sincera contigo, rara vez estoy orgullosa de cuánto sostengo en la vida; a menudo me siento algo avergonzada por ello.

Siento vergüenza, como cualquier otra mujer, por dar pasos más largos que mis piernas, ya sea con mis hijos o mi vocación, y por decir sí a cosas a las que no tengo por qué decir sí.

Pero lo más importante para mí es que tengas una imagen adecuada de mi vida mientras lucho a tu lado y por ti en las páginas siguientes: no soy apacible y mi vida no es tranquila.

Te lo digo abiertamente porque quiero que sepas que la visión de un descanso real solo funciona si es posible para todas nosotras. Creo que Dios nos ofrece su abundante don de descanso a todas. Además, creo que recibir este descanso no presupone que llevemos vidas apacibles y ordenadas donde todo siempre encaje y marche a la perfección.

No voy a abogar para que vayas a un retiro de silencio para recuperar tu alma porque sé que eso, en verdad, no es realista para la mayoría de nosotras. Tampoco voy a proponer eso porque soy el tipo de persona que ve la televisión en la ducha, y me encanta hacerlo. (A algunas personas les gusta estar a solas con sus pensamientos; yo quiero ver *El ala oeste de la Casa Blanca* [*The West Wing*]).

Sería una farsante si te vendiera una vida tranquila de telas suaves y silencio. Tengo la sensación de que tu vida también está a menudo llena de ruido, ya sea de personas, de sentimientos, de fechas de entrega o de presiones existenciales que te gritan a cada segundo.

Si todas viviéramos vidas dóciles y poco demandantes, tal vez no estaríamos tan cansadas, pero tampoco seríamos humanas.

Tú y yo necesitamos palabras sinceras sobre el estado de nuestras almas agotadas. Nos desespera lo que percibimos en otras mujeres que están tan cansadas como nosotras, y necesitamos la verdad realista y fructífera de las Escrituras para ayudarnos a combatir esta fatiga.

No necesitamos personas que nos den consejos sin entender nuestras circunstancias o que se nieguen a reconocer que nuestra lucha es diferente a las de ellas.

No necesitamos sentir más culpa o vergüenza por cómo llegamos aquí; solo necesitamos respuestas honestas sobre cómo avanzar.

Estamos cansadas, pero no tenemos que seguir así. Juntas haremos un trabajo de diagnóstico para encontrar la verdadera fuente de nuestra fatiga. Iremos a la Palabra de Dios para encontrar en ella enfoques realistas sobre el descanso. Por último, implementaremos un ritmo espiritual sostenible que nos dejará renovadas para el resto de nuestras vidas.

Si estás cansada de estar cansada, si el ciclo de agotamiento ya no te sirve, avancemos juntas. ¿Amén?

Preguntas para la reflexión

1. ¿Conoces a mujeres de tu edad que parecen descansadas? ¿Cuál sería su secreto?
2. ¿Por qué crees que estás tan cansada?
3. ¿Cuál es tu respuesta sincera a las palabras de Jesús en Mateo 11?

Ahorro de energía

Si tienes un iPhone, probablemente estés familiarizada con el modo de ahorro de batería. Cuando la batería tiene el veinte por ciento o menos de carga, aparece una notificación que te pregunta si quieres activar el modo de ahorro. Una vez que tu teléfono está en este modo, utiliza menos batería para conservar la energía por más tiempo, pero también reduce un poco su funcionamiento interno al no usar toda la capacidad del sistema.

Como usuaria, no puedes notar desde el exterior que el teléfono está en este modo de ahorro de batería, pero su sistema está haciendo menos cosas y ahorrando energía.

En varios capítulos de este libro, te daré algunas sugerencias para activar este modo de ahorro de energía y así combatir los diferentes tipos de cansancio. Esas ideas, simples y prácticas, te servirán para conservar tu valiosa energía y, con suerte, sentirte un poco menos cansada.

Comenzaremos con algo sencillo en el primer capítulo:

Presta atención cada vez que sientas vergüenza por tu fatiga. Conserva algo de tu preciosa energía espiritual, física, mental o emocional al recordar que sentirte cansada no es un problema que hayas causado. No iniciaste esta pelea.

Dos

Empeorará si no mejora

Mis rodillas cuentan la historia de una chica algo torpe.

Aunque no era muy aficionada a actividades al aire libre cuando era niña (y aún no lo soy), siempre tenía raspones o costras en una o ambas rodillas. Era la reina de tropezarse en las aceras, caerse en las escaleras y darse un golpe sin razón aparente.

Tengo múltiples cicatrices en ambas rodillas, pero la peor está en mi pierna derecha. La herida eliminó el pigmento de mi piel, por lo que la cicatriz rectangular es completamente blanca; ni se broncea ni me arde. En verano, se destaca del resto de mi pierna como un gran punto blanco. Siento que le da singularidad a mi cuerpo, así que no la odio, pero es curioso porque la historia detrás de mi peor cicatriz es la menos dramática.

Esa herida se produjo hace unos pocos años en un día de verano muy caluroso. Nos escapamos al mar con los niños, con la intención de que el viento y las olas nos trajeran un poco de alivio. Lamentablemente, también en el agua hacía mucho calor y los niños estaban irritables, así que no permanecimos mucho tiempo allí. Después de cargar todas nuestras cosas por la arena y descubrir que no podíamos quedarnos, decidimos llevarlas de regreso al auto.

Mi esposo, Nick, lideraba la marcha al estacionamiento mientras yo cargaba las últimas cosas detrás de los niños. En un momento dado, con el aire irrespirable por el calor y mi cuerpo tal vez deshidratado, me caí mientras arrastraba una nevera portátil y una bolsa de playa repleta de protector solar.

No fue un desmayo propiamente dicho. No me desplomé, pero tampoco tropecé. Tal vez me sentí mareada, o tal vez mi cuerpo necesitaba un descanso. No estoy segura. Sea cual fuera la causa, el efecto fue que mis rodillas se doblaron hacia la arena caliente, y dejé caer todo lo que había estado cargando. Fue tan sutil que nadie se percató de mi caída. No fue hasta que llegué al auto que Nick señaló mi rodilla y nos dimos cuenta de que alguna combinación de la arena y el calor había quemado la piel por completo. Y, por supuesto, más tarde reconoceríamos que el pigmento se había ido con ella.

A veces la caída que no anticipas, la que parece menos dramática, deja la cicatriz más grande.

Al repasar los últimos años de mi vida, puedo ver que he estado cayendo hacia el cansancio a largo plazo. Ahora me doy cuenta de que, si no te detienes a atender el problema, crecerá. Empeorará antes de mejorar.

A veces es una pequeña caída. Por ejemplo, podría encontrarme llorando en lugares inesperados después de unas semanas agitadas mientras me seco la cara y me disculpo con el (casi siempre) improbable destinatario de mis lágrimas. O tal vez digo sí a demasiadas cosas, convencida de que mi yo futuro será más organizado y capaz. Y luego, llega el pánico al desordenado presente, y termino pidiendo profusas disculpas mientras cancelo todo lo posible. O les grito a mis hijos por algo menor solo porque estoy completamente agotada y abrumada. Estas parecen ser pequeñas caídas de cansancio: me levanto, me sacudo las rodillas y lo intento de nuevo al día siguiente.

Sin embargo, hace algunos años, experimenté mi primera caída importante en el agotamiento.

Acababa de terminar las correcciones de mi primer libro; mis hijos tenían ocho, siete, seis y dos años. Nuestro otro bebé, el proyecto de iglesia, tenía un año, y como la mayoría de los bebés de un año, era irritable, exigente y travieso mientras daba sus primeros pasos. Mi imprenta en línea tenía un equipo de tres mujeres, y las ganancias de nuestras ventas financiaban tres sedes de la iglesia: la nuestra en Charleston, una en Pakistán y una en Ámsterdam.

En esa época, aún no había caído en la cuenta de que era una mamá que trabajaba. Estaba convencida de que podía ser la "mamá del aula" en todas las clases de primaria, acompañar con mimos cada siesta y preparar todas las comidas. Quería ser todo para todos y asegurarme de que todo funcionara.

Alerta de *spoiler*: querer ser todo para todos a menudo es el preludio de un colapso de proporciones épicas.

Además, acababa de empezar a viajar para enseñar y predicar en conferencias, lo cual me parecía una excelente manera de usar los dones que Dios me dio y empoderar a otras mujeres. Sin embargo, como no me gustaba estar lejos de mis hijos, intentaba aprovechar al máximo el tiempo en familia antes y después de estar ausente, tratando desesperadamente de asegurarme de que nadie sintiera mi ausencia, de que nadie más pagara el precio de seguir mi vocación. Puedes imaginarte quién terminó pagando al final.

Lo que realmente me hizo tropezar no fue mi intento de hacerlo todo para la aprobación de los demás; más bien, fue el reconocimiento de que *todo* importaba. Me movía una creencia profundamente arraigada de que mi trabajo era importante, mi familia era necesaria, y para administrar ambas cosas bien, tenía que hacerlo todo. Tenía razón en esto: ¡sí, todo era de suma importancia! Sin embargo, no todo estaba en mis manos, y me esforzaba porque creía la sutil mentira de que sí lo estaba. El personal necesitaba que nuestro negocio fuera redituable para recibir sus sueldos, así que tenía que seguir esforzándome. Mis hijos necesitaban una mamá amorosa y presente, así que tenía que seguir esforzándome. Nuestra iglesia necesitaba atención, cuidado, oración y guía, así que tenía que seguir esforzándome.

No había muchas señales de advertencia, pero si soy honesta, tampoco había nadie que me dijera: "No tienes que hacerlo todo". Como no expresé mi cansancio y trabajaba bajo la suposición de que, si era difícil, era mi culpa, nadie percibía lo que estaba padeciendo.

Pretender que puedes manejarlo todo, incluso cuando estás exhausta, es la forma más segura de agotarse rápidamente.

Un fin de semana, durante un viaje con motivo de una conferencia, noté la amenaza de un horrible dolor de cabeza. Llevaba ibuprofeno conmigo para este tipo de cosas —la presión abrumadora de las multitudes y el ritmo de estos eventos a menudo me causaba dolor—, y comencé a tomar uno tras otro como si fueran caramelos. El medicamento no hacía efecto, pero pensé que era por la comida de la conferencia y la falta de sueño. Mi charla estaba programada para el último día del evento. Aun así, quería ser útil todo el tiempo, de manera que organicé una salida a correr en grupo con algunas mujeres que conocí en línea, e incluso hice un pequeño tutorial de paradas de cabeza con docenas de mujeres en el césped del centro de retiro. Me tomé un par de ibuprofenos más.

El día en que estaba programada mi conferencia, apenas podía tolerar la luz o el sonido, y mi compañera de habitación era otra oradora que hacía todo lo posible por cuidarme. Durante la hora previa a mi presentación, estuve recostada en la incómoda cama del centro de conferencias mientras ella me maquillaba; quería gastar la menor cantidad de energía posible para hacer bien mi trabajo. Finalmente, reuní fuerzas para subirme al escenario y predicar con todo mi corazón, me estremecí de dolor mientras rezaba por las mujeres después del mensaje, y volví a la habitación para desplomarme antes de tomar mi vuelo a primera hora de la mañana del día siguiente.

En medio de la noche, me di cuenta de que algo estaba muy mal. Esto no era una migraña. ¿Sería un tumor? ¿Me estaba muriendo? ¿Así era como terminaba mi vida? ¿Lejos de mis hijos en una conferencia de mujeres?

No recuerdo el viaje de regreso a casa. Sé que había una furgoneta de transporte al aeropuerto. Recuerdo haberme quedado dormida en el asiento de atrás, pero no haberme subido al avión o haber sido recogida en mi aeropuerto de origen. Mi esposo y yo supusimos que mejoraría una vez que volviera a mi casa, mi cama y mis alimentos cotidianos. Tampoco recuerdo la mayor parte de los tres días siguientes, pero sé que hubo un viaje a la sala de emergencias para recibir una inyección de algún potente analgésico. Aún estábamos operando bajo la suposición de que era una migraña, aunque nunca había tenido una en mi vida.

Recuerdo despertarme y vomitar del dolor unas horas después de la inyección, un segundo viaje a urgencias y, luego, a la sala de emergencias. Los médicos entraban, y salían haciendo análisis; mi esposo me daba la mano y mi mamá entraba a toda prisa en medio de una punción lumbar. Recuerdo que mi mamá descubrió que quien realizaba la punción era un médico residente. Recuerdo escuchar su voz exigiendo que no fuera un estudiante el que me metiera una aguja en la columna. Poco después, todo se aceleró y se volvió un caos.

Mi punción lumbar reveló meningitis, y como mi dolor de cabeza había comenzado días antes, estaba en riesgo de un accidente cerebrovascular, daño cerebral y una larga lista de horribles efectos secundarios. En estas circunstancias, me esperaba una estancia hospitalaria intensa y un largo camino hacia la recuperación.

Estaba devastada y avergonzada de que mi agotamiento y mi debilitado sistema inmunológico hubieran causado tantos problemas a todos los demás. Mi esposo ahora tenía que lidiar con los cuatro niños y venir a visitarme al hospital, y los organizadores del evento estaban nerviosos por posibles contagios. Tuve que cancelar la conferencia del mes siguiente, y odiaba decepcionarlos. Me dolía mucho haber causado estos inconvenientes, pero, desafortunadamente, no aproveché esta caída colosal para hacer ningún cambio significativo en mi vida. Todavía no. Podría haber sido el momento que cambiara todo, y ojalá lo hubiera sido.

Lamentablemente, en lugar de desacelerar, redoblé mis esfuerzos. Recuerdo haber hecho un "en vivo" en línea para mis seguidores desde la cama del hospital, sobre una idea que esa mañana había leído en mi Biblia, con la vista borrosa. Recuerdo que lloré hasta convencer a mi doctor de que me diera el alta para volver con mis hijos. Recuerdo la primera vez que intenté hacer ejercicio de nuevo, demasiado pronto, solo para que mi cuerpo se derrumbara sobre la esterilla de yoga a causa del dolor que todavía persistía.

Cuando miro atrás, siento mucha compasión hacia esa mujer desesperada por seguir adelante. Ella estaba convencida de que era el problema, de que había decepcionado a todos con su debilidad, y de que su fatiga era un fracaso.

Todavía creía la mentira de que tenía que seguir adelante, de que el agotamiento era una especie de medalla de honor y de que así debía ser. Pensaba que ese cansancio constante mejoraría en otro momento. No estaba lista para cambiar mi vida, para experimentar un cambio real.

Esta caída, esta terrible caída, no fue la última, porque la verdad sobre estar cansada es que empeorará si no mejora.

Un descanso real podría ser la respuesta

Hay miles de historias aterradoras sobre personas que no descansaron y el costo que pagaron. Desearía tener historias igualmente notables sobre un momento en que descansé y luego conquisté el mundo. O contarte sobre algunos héroes de la fe y cómo se retiraron para encontrar su alma.

Sin embargo, prometo ser brutalmente honesta contigo y negarme a venderte la falsa ilusión de una vida apacible y tranquila, que es poco realista para nosotras. Así que, esta es la verdad: No hay muchas historias atractivas sobre un descanso intenso y transformador. Y he aquí la razón: no experimentaremos un descanso real, duradero y eterno aquí en la tierra.

La mala noticia es que, mientras vivimos bajo los efectos de un mundo caótico y mientras experimentemos el dolor y la tensión de nuestros cuerpos corruptibles, siempre desearemos la completa recreación y la paz dichosa que el cielo nos promete.

La buena noticia es que podemos dejar de sentir vergüenza por nuestra fatiga y aprender a vivir dentro de los límites y restricciones de nuestros cuerpos humanos en cuanto esperamos con ansias la renovación y el descanso de la eternidad.

Siempre desearemos un descanso de tamaño celestial para nuestros cuerpos humanos, pero siempre nos quedaremos deseando más.

Mi esposo tiene una regla en nuestra iglesia, Ciudad Brillante [*Bright City*], que prohíbe colgar letreros que digan "Bienvenido a Casa" dentro del edificio. Esta tendencia se hizo popular hace unos años, y tal vez tu iglesia tenga estos letreros (sin juicio por mi parte, creo que son simpáticos), pero Nick se opone con vehemencia. Su razonamiento es que no quiere que los fieles confundan nuestra iglesia con un hogar. Como él me recuerda a menudo, el cielo es nuestro hogar. Aunque la iglesia es una expresión maravillosa del reino aquí en la tierra, sigue siendo un reflejo apenas iluminado de la hermosa realidad que nos espera.

Lo mismo es cierto para el descanso en la tierra y el descanso en la eternidad.

Sé que será peor si tú y yo no ajustamos nuestro ritmo y nuestros tiempos y no revisamos lo que creemos que es nuestra responsabilidad. Nuestros cuerpos continuarán quebrándose bajo el peso del agotamiento espiritual, físico, mental y emocional al que nos hemos acostumbrado. Nuestras relaciones sufrirán: con Dios, con los demás y, sin duda, con nosotros mismos. No reconoceremos quiénes somos ni cómo llegamos aquí. Nos desmoronaremos bajo el peso de la ansiedad y el agobio, y el estrés penetrará cada poro de nuestros cuerpos hasta que el enconamiento, la fatiga, la derrota y la depresión sean la norma.

Empeorará si no mejora, y no te venderé una mentira sobre cómo mejora.

Aprendamos de Elías

En 1 Reyes 19, encontramos al profeta Elías en una grave situación. Lo admiro mucho, y te recuerdo que él servía a Dios en tiempos inciertos y circunstancias difíciles. Dios había enviado a Elías a profetizar y a anunciar una terrible sequía en la tierra. Aun así, como suele ocurrir con los profetas, también tuvo que experimentar las duras consecuencias de esa profecía. Dios lo asistió continuamente, pero casi siempre de manera milagrosa a último momento. Para ser franca, me resulta agotador volver a leer sobre su ministerio en las Escrituras. Experimentó terribles altibajos, con momentos de éxtasis y de aterrador desaliento.

En uno de esos momentos de desaliento, Elías estaba siendo amenazado y perseguido, y se sintió exhausto y desanimado.

Elías se asustó y huyó para ponerse a salvo. Cuando llegó a Berseba de Judá, dejó allí a su criado y caminó todo un día por el desierto. Llegó adonde había un arbusto de retama y se sentó a su sombra con ganas de morirse. "¡Estoy harto, Señor! —protestó—. Quítame la vida, pues no soy mejor que mis antepasados". Luego se acostó debajo del arbusto y se quedó dormido.

De repente, un ángel lo tocó y le dijo: "Levántate y come". Elías miró a su alrededor y vio a su cabecera un panecillo cocido sobre brasas y un jarro de agua. Comió, bebió y volvió a acostarse.

El ángel del Señor regresó y, tocándolo, le dijo: "Levántate y come, porque te espera un largo viaje". Elías se levantó, comió y bebió. Una vez fortalecido por aquella comida, viajó cuarenta días y cuarenta noches hasta que llegó a Horeb, el monte de Dios. Allí pasó la noche en una cueva. (1 Reyes 19:3-9)

Quiero señalar algunas cosas en este pasaje e invitarnos a aplicar la misma sabiduría a nuestra vida.

Primero, Elías tenía miedo porque estaba siendo amenazado. Era perseguido y se sentía desanimado por sus circunstancias y, me imagino, por la situación espiritual de todos aquellos que debía guiar hacia la verdad de Dios. Sus sentimientos estaban justificados. Intuyo que, si estás agotado y desalentado, los tuyos también lo están. Elías no era débil; era humano. Tú no eres el problema porque no puedes cargar con el peso del mundo; la caída de la humanidad y el ritmo de nuestra cultura son el problema.

En segundo lugar, no puedo estar más agradecida de que el ángel del Señor que asiste a Elías le explique con claridad lo que vendrá: ¡Es demasiado para ti! Pero, para ser sincera, ¡es demasiado para cualquiera! En el capítulo anterior, Elías acababa de enfrentarse a cuatrocientos cincuenta profetas de

Baal. Esa historia es increíble, y está a favor de Elías, aunque supone dar pelea. El rey Acab, gobernante de esa época, cree que el profeta Elías está causando problemas a su pueblo. Esto se debe principalmente a que Elías predica contra el falso dios Baal y todos sus profetas. Para demostrar la legitimidad de Dios, Elías enfrenta a los cuatrocientos cincuenta falsos profetas de Baal en una especie de duelo: el dios que, de manera sobrenatural, primero prenda fuego a un toro sacrificial, gana. Para subir la apuesta, Elías dice que verterá agua en su altar para darle más ventaja. Así que tenemos a más de cuatro centenas de profetas clamando para que Baal encienda un altar seco versus Elías, solo, pidiendo al Dios de sus antepasados que encienda un altar húmedo.

Dios gana. Los profetas falsos son apresados. Elías es vindicado, pero, como podemos imaginarnos, queda exhausto.

Aun cuando estamos en el lugar correcto, aun cuando trabajamos en nombre del Señor, aun cuando obedecemos su llamado, el cansancio llega.

Me pregunto cómo sería si tú y yo comenzáramos a considerar el regalo de descanso que Dios nos ofrece aquí en la tierra como su compasivo y misericordioso consuelo por aquello que es demasiado para nosotros.

Nuestro Padre no nos da descanso porque quiera agradarnos, sino porque lo necesitamos. Nos da descanso porque Él es sumamente piadoso con sus hijos que viven bajo los efectos de un mundo caído. Si has sentido vergüenza por estar cansada, en el nombre de Jesús, es el momento de deshacerte de ella. No necesitas descanso porque seas débil, sino porque esta vida es demasiado, en el mejor de los casos. Por eso, nuestro Amigo y Salvador, completamente humano y completamente Dios, también experimentó momentos de cansancio en la tierra. Es una de las condiciones de estar vivo, de ser humano en el ahora y el todavía no del reino de Dios.

No exagero cuando digo que la crianza de adolescentes es demasiado para mí. Participar en aterradoras reuniones de consejo donde se toman grandes decisiones financieras es demasiado para mí. Perder horas de sueño al cuidar a un recién nacido es demasiado para cualquiera. Asistir a nuestros padres enfermos mientras pasan de esta vida a la siguiente es demasiado. Procesar la rutina del trabajo de lunes a viernes es demasiado. Sanar de los traumas generacionales, las relaciones rotas y las heridas que la cultura a nuestro alrededor nos inflige... todo eso es demasiado.

De este lado del cielo, el descanso nunca será una cura mágica para todo, pero será nuestra práctica continua y un regalo para recibir de Dios, quien siempre viene a nuestro encuentro en el lugar de nuestro mayor agotamiento. Dios lo dice Él mismo, y es momento de que lo escuches: el viaje es demasiado para ti, demasiado para que lo hagas sola. Así que no lo hagas: recibe el regalo del descanso real que Dios nos ofrece a cada momento.

Espero que, al menos, hayas aprendido de la historia de Elías que tu necesidad de descanso frente a la excesiva carga de tu propia vida no es debilidad, sino una necesidad que tu Padre quiere satisfacer. Ignorar continuamente esa necesidad no te dejará sintiéndote preparada; podría llevarte a rendirte. Este es un ejemplo claro de por qué la mentalidad de seguir siempre adelante de nuestra cultura cansada no nos sirve ni nos hace más fuertes.

No sé qué sucederá en tu vida después de que abraces rutinas de descanso reales, bíblicas y duraderas. Sin embargo, te ofrezco algunas ideas de lo que podría suceder:

Las cosas podrían mejorar.

Podrías sentirte más conectada con Dios como tu padre, amigo y compañero a diario.

Podrías sentirte en casa en tu cuerpo, en paz con tu propio ritmo.

Podrías entender mejor el evangelio, el buen regalo que has recibido para liberarte.

Podrías tener una mejor comprensión de tu propósito y lugar en el reino.

Podrías percibir cómo se siente tu cuerpo cuando no estás siempre exhausta.

Podrías sentirte más libre al dejar de intentar ser todo para todos.

Es posible que experimentes la sanación del exceso de responsabilidad y del síndrome del impostor.

Creo que podrías manejar mejor tu salud mental si comenzaras a descansar.

Podrías sentir que tu mente se calma con más facilidad y tus pensamientos son más manejables.

Podrías experimentar la paz que trasciende todo entendimiento, incluso en medio del caos.

Si comenzaras a descansar de manera consistente y realista, podrías sentirte más plena emocionalmente.

Podrías sentir tus emociones y vivir menos distraída y disociada.

Podrías sentirte capaz de enfrentar días grandiosos y difíciles con tus emociones como una ayuda y no como un obstáculo.

Tu bienestar espiritual, físico, mental y emocional, podría mejorar si adoptas el descanso, pero con seguridad empeorará si no lo haces.

He apostado mi vida a la verdad de la Palabra de Dios y he ganado. Él tiene un cúmulo de promesas que se harán realidad si aceptamos el descanso que nos ofrece. Además, en mi vida y en la de otros he visto la evidencia empírica de que, si seguimos avanzando a pesar de estar agotadas, empeorará.

Entonces, ¿qué dices? ¿Seguimos adelante? ¿Vemos lo que Dios podría tener reservado para todos nosotros?

Yo estoy dispuesta si tú también lo estás.

Le pedí a setenta mujeres valientes y generosas que leyeran los capítulos de este libro mientras los escribía, y que me dieran sus comentarios y opiniones en tiempo real. No puedo agradecerles lo suficiente por todo lo que me han ayudado a elaborar este mensaje. En cuanto a este capítulo, una amable lectora me preguntó: "¿Realmente empeorará? ¿No hay posibilidad de que las cosas simplemente sigan igual? ¿No podría, acaso, seguir igualmente cansada por el resto de mi vida?".

Siento que esta pregunta no solo fue honesta sino también valiente, porque es posible que muchas de nosotras nos conformemos con que las cosas sigan igual.

Es aquí donde me encantaría ponerme mi sombrero de *coach* y decirte algunas verdades: no, las cosas no pueden seguir igual, porque el agotamiento físico, espiritual, mental y emocional te desgasta hasta que te sientes menos capaz y menos conectada con Dios. Las cosas no pueden seguir igual porque el ritmo de nuestra vida solo se acelerará a medida que la tecnología y la cultura ganen poder e influencia. No somos seres estáticos; simplemente no podemos seguir igual.

Así que, con amor, quiero acompañarte y decirte que tu lucha contra el cansancio empeorará, pero podría mejorar. Encontrar la fuente de tu cansancio y adoptar rutinas de descanso reales te ayudarán cuando sientas que todo es demasiado.

Tres

Por qué nos resistimos al descanso

Básicamente, puedes venderme cualquier cosa.

Me encanta una buena propaganda que promete un producto que va a cambiar mi vida, y termino creyendo lo que dice y comprando eso que no necesito. No puedo resistirme a un buen comercial o a un anuncio en Instagram, y se sabe que he tomado grandes decisiones en la vida inspiradas por carteles publicitarios.

Esta es la clase de amiga que soy: si tú y yo estamos tomando un café y me estás contando sobre un nuevo libro del que solo has leído dos capítulos, lo compro... mientras sigues hablando. Tal vez consiga la versión en audio y escuche esos dos capítulos antes de llegar a casa. Si te gusta, o si apenas crees que te gusta, quiero probarlo.

Sin embargo, por la gracia de Dios y por el bien de nuestra cuenta bancaria, estoy casada con un escéptico. Él me enseñó estrategias para leer reseñas de productos en sitios web, y ahora las uso religiosamente. Él investiga y considera todas las opciones antes de tomar cualquier tipo de decisión, y su cautela me ha influido para detenerme un poco antes de avalar cada producto, idea, viaje o cambio de vida con un entusiasmo desenfrenado.

¿Y sabes qué? Adoptar su sano escepticismo ha cambiado las reglas del juego para mí. Ahora, cuando me comprometo con algo, ya sea un libro, una vela o una estrategia de crianza, estoy tomando una decisión informada y segura.

Entonces, esto es para las escépticas, las cautelosas y las tomadoras de decisiones informadas.

Tú y yo sabemos que estás cansada.

Ambas coincidimos en que empeorará si no mejora.

Sin embargo, ¿qué pasa con todas las razones por las que no estás descansando ahora? ¿Qué tiene de diferente este libro de los miles de otros que podrías elegir? ¿Y si no entiendo las demandas específicas, las preocupaciones, los miedos y los obstáculos que no te dejan vivir más descansada?

No puedo, y no podré, calmar todas las aprensiones que tienes, pero te aseguro que tu renuencia a apresurarte a estar de acuerdo conmigo es bienvenida aquí. Juntas, vamos a considerar algunas de las razones por las cuales las mujeres simplemente no descansan, algunas de las mentiras que nos impiden recibir ese buen regalo; pero también vamos a iluminar estas falsedades con la luz del evangelio para que nos trace un camino a seguir.

Sin importar cuán escépticas seamos, todas podemos estar de acuerdo en lo siguiente: Jesucristo no murió en la cruz para que vivamos una vida de agotamiento punitivo. Si estamos cansadas de estar cansadas, imagina cuánto quiere nuestro bondadoso y misericordioso Padre liberarnos del ciclo de cansancio que nos mantiene cautivas.

Vamos a sumergirnos juntas. Aquí te presento cinco mentiras que podrías creer sobre el descanso, y las verdades que podrían liberarnos.

Mentira #1: "No puedo descansar hasta que el trabajo esté terminado"

La tarea que más me gusta es lavar la ropa porque es algo que puedo terminar. Unas cuantas veces a la semana, los niños bajan toda su ropa, pongo Netflix en mi iPhone para *Anatomía de Grey* [*Grey´s Anatomy*] o *El ala oeste de la Casa Blanca* [*The West Wing*] con mis auriculares puestos, lavo todo, doblo todo, y luego llamo a los niños para que recojan toda su ropa. Hecho y terminado. Al menos por el día.

Hace unos años, Nick y yo estábamos pasando por un momento difícil en nuestra vocación. Nos sentíamos siempre desanimados, exhaustos, y nos costaba conectar con nuestra pasión o nuestro propósito. Según el sabio consejo de algunas personas con las que consultamos, nos dedicamos a buscar pasatiempos que pudiéramos terminar, porque nuestro trabajo nunca estaría técnicamente "terminado".

Ser padre nunca termina; no puedes tacharlo de una lista. Ser pastor no es una tarea que puedas completar; siempre hay más personas a las que amar o guiar. Es casi imposible tomarse un descanso de ser el líder de un negocio; no puedes pausarlo ni alejarte sin una planificación extensa. En todos los casos, después de un descanso, a menudo vuelves a una cantidad abrumadora de trabajo pendiente.

Creo que muchas de nosotras queremos "terminar" o "cumplir" todas nuestras tareas antes de descansar, pero ese momento no llegará hasta el final de nuestra vida.

Estamos convencidas de que la ropa debe lavarse y cada mensaje, responderse; cada niño debe ser cuidado y cada correo electrónico importante, contestado. Antes de descansar, necesitamos tener un panorama claro de la próxima semana, planificar el siguiente paso y terminar de lavar los platos.

Por todo ello me siento increíblemente agradecida por la primera visión del descanso que se presenta en el Génesis. Vamos a repasar frase por frase desde el principio y ver si podemos cambiar nuestra idea de que necesitamos ganar nuestro descanso.

> En el principio Dios creó los cielos y la tierra. La tierra no tenía forma y estaba vacía, las tinieblas cubrían el abismo y el Espíritu de Dios se movía sobre la superficie de las aguas.
> Y dijo Dios: "¡Que haya luz!". Y la luz llegó a existir. Dios consideró que la luz era buena y la separó de las tinieblas. A la luz la llamó "día" y a las tinieblas, "noche". Vino la noche y llegó la mañana: ese fue el primer día.
> (Gen 1:1-5)

Primero, solo por gusto, nos focalizamos en el Espíritu Santo. El viento salvaje de nuestro Dios estuvo allí en el momento de la creación. También, por supuesto, vemos la evidencia de Jesús más adelante, en el versículo 26, cuando Dios Padre menciona hacer al hombre a "nuestra" imagen, pero por ahora, prestemos mucha atención al Espíritu de Dios y su participación en la creación.

La mayoría de las traducciones usan la palabra "cerniéndose", pero la palabra hebrea usada en Génesis 1:2 para describir el estado activo del Espíritu Santo es *"rachaph"*, que significa "relajar, mover suavemente, acariciar o ablandarse".

En uno de los momentos más cruciales del universo, cuando todo tenía que completarse y nada había sido aún "terminado", encontramos al Espíritu Santo relajado. Y todavía hay más.

Justo después de que Dios crea el día y la noche, la luz y la oscuridad, hace algo interesante. Aquí, en el principio mismo de todo, cambia el orden: pasa del patrón día-noche a noche y luego día.

Cuando uno de mis hijos estaba creciendo, tenía la simpática costumbre de decir los números al revés del orden tradicional. Si le preguntaba cuántos *nuggets* de pollo quería, respondía: "Oh, cinco o cuatro está bien". O cuando se le preguntaba a qué hora quería ser recogido de la casa de un amigo, contestaba: "A las dos o una en punto". Nos parecía entrañable y divertido.

En cambio, la alteración del orden que hace Dios Padre es realmente transformadora para aquellas de nosotras que sentimos el deber de ganarnos el descanso. Cuando nuestro Dios, de manera consciente y creativa, habla de día y noche, la secuencia original es día y luego noche. De pronto, como si hubiera sacado la carta reversa en el juego de Uno, comienza a nombrarlas de manera invertida: noche y luego mañana. Cuando llega el momento de poner la creación en marcha para que los humanos la habiten, la noche viene primero. En otras palabras, primero el descanso y luego el trabajo.

Es aquí, en el principio, donde vemos que Dios alivia nuestros miedos y preocupaciones sobre la posibilidad de ganarnos el descanso. No hay una lista de tareas que terminar antes de aceptar el regalo que nos ofrece un Padre bueno y amoroso. Hay noche y mañana, hay descanso y luego trabajo. En la estructura del orden creado por Dios, Él intencionalmente secuenció el descanso para que venga *primero*, antes de cualquier actividad diurna. Desbaratamos así la mentira de que tenemos que descansar después de que nuestro trabajo esté terminado, y recibimos la verdad de que no podremos trabajar bien hasta que descansemos. Cada vez que he experimentado un cambio significativo en mi vida, ha sucedido así: mi mente ha cambiado, he actuado de manera diferente, y luego me he sentido diferente.

Solo porque te haya dicho (o recordado) que hubo noche y luego mañana, no *sentirás* inmediatamente que no tienes que ganarte tu descanso. De todas maneras, puedes aprovechar este conocimiento para comenzar a pensar y a actuar de manera diferente en relación con el descanso, y entonces, finalmente, dejarás de sentir que debes ganártelo.

Buenas noticias, ¿verdad?

Mentira #2: "Descansar será aburrido"

¿Te has dado cuenta de que en los últimos años ser indiferente a los demás se ha puesto de moda? En parte, culpo a internet y a la sobregeneralización de lo que significa ser introvertido. Hace unos años, noté la aparición de muchos memes y bromas sobre cierta gente que odia a la gente.

Mi esposo también la notó, y durante un sermón reciente, hizo una broma que fue tan divertida y convincente que la audiencia no supo cómo reaccionar.

Nick dijo: "Todos ahora bromean sobre cómo odian a las personas. Hay 'demasiada gente' afuera. Te encanta la iglesia, pero son las personas las que te molestan. Estoy aquí para recordarte que, si odias a las personas, vas a odiar el cielo".

Un aire tenso y cargado de electricidad recorrió a la audiencia, hasta que, eventualmente, todos empezaron a reír. Sin embargo, es verdad, ¿no? Si odiamos a las personas, probablemente deberíamos dejar de fingir que el cielo va a ser un retiro a un spa en solitario. En cambio, se describe como un gran banquete, una fiesta de bodas, con incontables personas, donde todos adoramos a Dios.

No trato de adelantarme, pero pongámoslo aquí mismo: si odias descansar, vas a odiar el cielo.

Quédate conmigo; no cierres el libro porque no creo que, en realidad, odies descansar. Estoy dispuesta a apostar que una de las siguientes afirmaciones podría ser cierta sobre tu resistencia:

- *Te resistes al descanso porque asumes que no es placentero.* Has intentado descansar de la manera en que "deberías", y no ha funcionado para ti, así que en lugar de esperarlo con ansias porque lo disfrutas, lo evitas por completo. Mi esposo descansa al sentarse en silencio. A mí realmente no me gusta sentarme quieta, así que descanso corriendo. Me revitaliza; me ayuda a combatir la fatiga y el esfuerzo. Me ayuda a reconectar con Dios. A los demás puede parecerles que no es un descanso, pero para mí realmente lo es. Seguiremos hablando sobre esto más adelante.

- *Te resistes al descanso porque lo percibes como pereza o pasividad.* Creo que darse cuenta de esto en nosotras mismas es el noventa por ciento de la batalla. Una vez que pongamos este pensamiento sobre la mesa y tal vez pasemos unos minutos prestando atención a su origen (padres, un jefe, un personaje en la televisión), podemos decir la verdad al respecto y avanzar. Si Dios nuestro Padre descansó durante la creación, si el Espíritu Santo descansó sobre la tierra, si el propio Jesucristo necesitaba dormir y pasar tiempo con Dios, el descanso no puede ser pereza o pecado. No podemos seguir viviendo según esta creencia. ¿Amén?

- *Te resistes al descanso porque te has acostumbrado más a esforzarte por ganarlo que a recibirlo de Dios.* Lamento hablar con tanta crudeza, pero esto es cierto para muchas de nosotras, ¿verdad? Odiamos el descanso porque nos hemos acostumbrado a ganarnos nuestro amor, nuestro lugar y nuestro valor con nuestro trabajo. A esos momentos fugaces de gloria mundana se ha acostumbrado nuestra alma. La mala noticia es que pierden su plenitud con el tiempo y nos dejan esforzándonos más y más para ser vistas y valoradas. La buena noticia es que, como mencioné antes, cuando cambiamos nuestra mentalidad y luego nuestro comportamiento, a menudo sentimos la diferencia. No siempre desearás volver al ahora interrumpido ciclo de esfuerzo si las cosas comienzan a cambiar.

No vas a odiar el cielo.

Si, por la gracia de la fe, tienes una relación con Jesús, vas a *amar* el cielo. Todos lo haremos. No vamos a estar decepcionados o aburridos, y no creo que anhelemos recuperar un segundo del mundo caído.

Y hay más noticias emocionantes: tenemos evidencia en las Escrituras de que en la eternidad también habrá cultivo. Antes de la caída en el Génesis, hay cultivo. Dios llama a Adán a *abad*. La palabra hebrea significa "cultivar o servir". Esto implica que antes de perder el paraíso, los humanos recibieron vocación y propósito. La palabra utilizada después de la caída de la humanidad, el castigo por el pecado, es el *trabajo arduo*. En hebreo, la palabra es *itstsabon*, que significa "dolor".

También hay múltiples referencias al trabajo y al cultivo (no al trabajo arduo) en la eternidad, tanto en el Antiguo como en el Nuevo Testamento. No vamos a estar recostados en nubes y durmiendo todo el día. Habrá devoción, relación y cultivo en las acciones significativas, igual que en el jardín del Edén antes de la caída, pero también habrá descanso. Esa es una promesa de Dios, no una amenaza.

Entonces, ¿qué tal si aprendemos a practicar ahora para el cielo? ¿Qué tal si cambiamos nuestra mente, ajustamos nuestros patrones de conducta, y luego comenzamos a sentir que amamos no estar tan cansadas todo el tiempo?

Mentira #3: "Nadie a mi alrededor descansará"

Tal vez has leído libros y has intentado hacer un cambio, pero tu pareja, tus amigos o tu jefe no han impulsado tu deseo de cambio precisamente. Tal vez te has resignado a una vida de cansancio constante porque sabes que la comunidad a tu alrededor nunca cambiará su ritmo.

Quizás temes que, si descansas, te considerarán perezosa. O tal vez estás enamorada de ser esa persona confiable, ocupada y exhausta que crees ser, es tu medalla de honor, y no estás segura de quién eres sin eso.

Cualquiera que sea tu caso, la verdad sigue siendo la misma: la mayoría de nuestras sociedades promueven y fomentan un ritmo que nos deja al borde del agotamiento. Rara vez encontraremos comunidades dispuestas a adoptar un ritmo de vida colectivo alineado con el reino, y muchos de nosotros tendremos que prepararnos a ser malinterpretados cuando finalmente recibamos el regalo del descanso en nuestra vida.

Mi emoji favorito es el de las dos manitas juntas, con las palmas hacia arriba. Técnicamente se llama "palmas hacia arriba," pero lo envío a mis amigos para decirles: "Estoy sosteniendo esto contigo". Sea un dolor, una alegría, o simplemente un conflicto que no se puede resolver fácilmente, quiero mostrarles que estoy con ellos.

Estoy sosteniendo esto contigo.

No quiero darte respuestas rápidas y simplistas que hagan parecer que esto será fácil. Podría decir: "No vas a estar adorando a tu jefe / madre / mejor amiga / esposo en el cielo, así que deja de intentar complacerlos con este ritmo de vida que te está matando", pero ambas sabemos que es más complicado que eso.

Para muchas de nosotras, si llegáramos mañana a nuestros trabajos y dijéramos que queremos reducir nuestras horas para luchar contra el agotamiento existencial, profundo y espiritual que sentimos, no recibiríamos apoyo ni un aumento de sueldo.

Para muchas de nosotras, nuestros miedos están basados en la evidencia histórica de que desacelerar o decir no decepcionará, o incluso enfadará, a los demás.

Para muchas de nosotras, abrazar una vida de descanso nos convertiría en la persona más contracultural que conocemos, aunque nos movamos en círculos cristianos y en iglesias.

Para muchas de nosotras, hacer cambios reales y duraderos hacia un ritmo de vida más sostenible solo subrayará cuánto nos diferenciamos de todos los que nos rodean.

Estoy sosteniendo esto contigo.

Dios nos ha dado el regalo que necesitamos para experimentar paz, salud y reparación en nuestras almas. No solo nos ofrece el regalo del descanso. Él también nos ha pedido que seamos obedientes. Supongo que este doblete de invitación y mandato al mismo tiempo significa que sabía lo difícil que sería para nosotros obedecer.

Aquí hay una razón más por la que no creo que la reacción y las respuestas de otras personas deban impedirnos cambiar nuestras vidas: así es como cambia el mundo.

Una mujer en un grupo de amigas se siente incómoda con los chismes y comienza a cambiar amablemente la conversación. Poco después, toda la cultura cambia y todas las mujeres hablan de la vida con respeto a la privacidad de los demás.

Una familia en una iglesia decide acoger o adoptar a un menor, y lo que una vez parecía insuperable o aterrador, de pronto se convierte en una forma accesible de obedecer a Dios y servir a sus hijos. Antes de que pase mucho tiempo, se establecerá una cultura de cuidado hacia los huérfanos.

Un miembro de la comunidad comienza a ir contra la corriente y a defender lo que es bueno e íntegro. Una persona se destaca al mantenerse firme por algo que es importante, y otros toman nota. ¿Qué pasa si tú eres la catalizadora del cambio del reino? ¿Qué pasa si tu cansancio de estar cansada es el impulso para un total cambio cultural?

Más adelante en este libro, hablaremos sobre cómo podemos comunicar de manera práctica nuestros límites para el descanso e invitar a otros a seguir ritmos que les brinden paz y reparación. Por ahora, veamos un par de las principales preocupaciones que podrías tener.

Mentira #4: "Va a costar demasiado"

Mientras soñaba con este libro, y planificaba a dónde quería ir, y cómo tú y yo lucharíamos de manera genuina contra la fatiga que intenta derribarnos, pensé en llamarlo *Descanso riesgoso*. Justo antes de comenzar a escribir, me di cuenta de que no era el mejor título, pero quería ser honesta y directa desde el principio sobre lo que esto nos va a costar.

Si estás cansada de estar cansada, abrazar el descanso del reino no será un camino sin riesgos. Creo que requerirá de nosotras más de lo que pensamos.

Aquí te lo diré con franqueza: Elegir el descanso te costará. Hay, sin embargo, una excelente noticia: el costo es en realidad un intercambio, un espacio que abrimos para recibir un regalo mucho mayor que cualquier cosa que estemos dejando atrás.

El descanso puede costarnos la aprobación de los demás, pero nos ayudará a sentir que somos conocidas y amadas por Dios.

El descanso puede costarnos las recompensas del esfuerzo mundano, pero nos ayudará a experimentar abundancia eterna.

El descanso nos costará nuestra identificación con ser "la más confiable", pero nos dará una paz y un contento enormes.

El descanso nos costará la renuncia a vivir una vida al límite, pero nos bendecirá con la aceptación de los límites.

Quizás, si abrazas el descanso, arriesgarás la forma en que siempre han sido tus relaciones. Tal vez otros te juzgarán, te alabarán menos o incluso romperán el vínculo contigo. O quizás... las personas en tu vida verán el fruto de la paz y se animarán a seguir el ejemplo. Tal vez les mostrarás con amor el camino para que también puedan liberarse de la fatiga que las está matando.

Quizás encontrarán en Jesús un amigo amable y compasivo en lugar de un sargento que exige más y más cada día. Quizás encontrarán a un padre que da descanso a aquellos a quienes ama en lugar de pedirles que lo ganen. Quizás sentirán la cercanía del Espíritu que descansa sobre ellas mientras se entregan a una vida de descanso riesgoso.

Quizás ganarás menos dinero este año, o tus hijos participarán en menos actividades. Quizás tu vida no será como la imaginaste o asumiste que debía ser. O quizás... encontrarás una vida con más profundidad que las normas culturales que deberías acatar. Quizás podrás saborear y disfrutar tu vida porque estás presente y descansada.

Quizás tendrás que renunciar a la percepción de ti misma que te dijeron que era esencial mantener. Quizás no serás la más confiable, pero encontrarás confianza en Dios. Quizás no serás la persona que la gente llame en medio de la noche, pero ellos lo llamarán a Él en tu lugar. Quizás otros podrán hacer suposiciones sobre ti y malinterpretarte, pero tú serás libre de llevar el peso de esos errores.

Quizás no vivirás a la velocidad distraída y frenética a la que estás acostumbrada, sino que aprenderás lo que significa cuando Jesús dice que quiere mostrarte un yugo fácil y una carga ligera.

Quizás esto va a cambiarlo todo.

Quizás esto es maravilloso.

Mentira #5: "Mis circunstancias no lo permitirán"

Si ya estás pensando: *Esta chica no lo entiende*, puedo ahorrarte algo de energía al confirmarte que, de hecho, no comprendo cada una de las circunstancias de tu vida que te hacen sentir tan cansada. No sé cómo es tu mundo, las demandas que recibes, las personas a las que tienes que cuidar. No conozco tu presupuesto.

Por suerte, el propósito de este libro no es hacer una proclama estándar de cómo debe ser el descanso para cada mujer. Más bien, es mi forma de orar para que suceda mientras lees los siguientes capítulos:

Estoy orando para que realmente te canses de estar cansada, si no lo estás ya. Estoy orando para que sientas suficiente dolor por tu estado de agotamiento para que estés dispuesta a confiar en Dios una vez más mientras intentas descansar.

Estoy orando para que, al escuchar la verdad de las historias bíblicas, tu vida comience a transformarse a medida que tu mente se renueva con la verdad del reino. Sé que nuestras vidas a menudo cambian cuando nuestras mentes lo hacen primero, y rezo para que eso suceda mientras te permites leer estas historias y preceptos.

Rezo para que encuentres consejos prácticos para un descanso real. Prometo no proponerte que dejes todo y te vayas a un retiro de silencio si tú prometes que, al menos, intentarás algunas de las ideas de la sección "Ahorro de energía" o de las sugerencias prácticas.

Finalmente, rezo para que captes la visión de abrazar ritmos de descanso en cada período de tu vida, para que puedas acercarte a Dios una y otra vez a medida que tu vida te enfrente a nuevos niveles de cansancio.

No comprendo toda tu vida. No veo cada faceta de lo que la hace difícil. No conozco todas las circunstancias, así que no puedo eliminar cada catalizador de agotamiento en tu vida. Pero me mueve la compasión a sentarme contigo, al menos figurativamente, mientras le pedimos a Dios cómo podemos aprender de Él a vivir una vida descansada en el mundo. No puedo responder a cada situación, pero creo con todo mi ser que nuestro Padre puede traer alguna forma de descanso en cada período. Y me mantendré firme en la fe por ti, incluso si estás asustada o incrédula.

Este libro es para ti.

Confío en que Dios te encontrará aquí porque eso es lo que hace cuando sus hijas lo buscan.

Ahorro de energía

Porque darte una lista larga de cosas por hacer sería agotador y poco útil, solo tienes una tarea para el "Ahorro de energía" en este capítulo. Tómala como una invitación, no como una obligación:

Quizás, durante el tiempo que te lleve leer este libro, le pidas a Dios que te ayude a dejar de lado el resto de tu escepticismo. Para ser honesta, se necesita mucha energía para criticar un proceso mientras estás en él. Por eso, ¿qué te parece si te comprometes a no gastar tu valiosa energía en dudar si alguna vez dejarás de sentirte cansada o no?

Cuatro

Encuentra el lugar de tu cansancio

Al nacer uno de mis hijos, uno de sus hermanos mayores tuvo algunas dificultades para adaptarse a la nueva situación. No voy a revelar qué hijo acababa de nacer y cuál tenía problemas, por si acaso mis hijos leen esto algún día. A no sentir vergüenza, hijos Connolly, ¿amén?

Mi hijo (el hermano mayor) pasó de ser cariñoso y solícito a estar distante y retraído casi de la noche a la mañana cuando nació el más pequeño. Parecía algo natural al principio, pero se volvió más extremo y desalentador con el tiempo. Mi hijo mayor lloraba cuando el bebé estaba cerca de él y tampoco quería estar cerca de mí.

Con el nacimiento del nuevo bebé, había tenido una cesárea bastante traumática. Mi salud había sido precaria antes del parto y estaba muy frágil después. Pensé que nuestros hijos no lo habían notado, pero me preguntaba si no sería la causa de la reacción de mi hijo, y le pedí consejo a una madre amiga.

Ella sugirió que le preguntara a mi hijo mayor si se sentía mal por todo lo que mi cuerpo había sufrido debido a este bebé, y me animó a hacerlo de una manera interesante. "Puede que no pueda expresar sus sentimientos todavía, así que pregúntale si le duele el cuerpo". Me resultaba un poco extraño, pero estaba dispuesta a hacer cualquier cosa para ayudar a mi hijo a expresar aquello que lo agobiaba.

Una noche, cuando todos los demás estaban tranquilos y distraídos, me acerqué lo más posible a él y le pregunté: "¿Te duele que Mamá haya tenido otro bebé?". Él negó con la cabeza.

Acto seguido, se largó a llorar y ya no pude obtener mucho más de él. Así que le di palmaditas en la espalda, le enjugué las lágrimas y le dije que me sentía bien y, por supuesto, que no era culpa del nuevo bebé que yo hubiera sufrido. Luego probé la pregunta del cuerpo solo por curiosidad: "¿Te duele el cuerpo en algún lugar porque Mamá estuvo dolorida?". Comenzó a sollozar de nuevo y asintió: "Sí, me duele la espalda".

Encontré esto fascinante, y estaba muy agradecida por la sabiduría de mi amiga. Mi hijo me dejó frotarle la espalda y confortarlo, y durante las siguientes semanas me propuse con toda determinación mostrarle mi recuperación y darle la seguridad de que este nuevo bebé no era una amenaza para nuestra salud. Sin embargo, nunca olvidaré lo sorprendida que estaba al ver cómo el dolor emocional se manifestaba como dolor físico en mi joven hijo. Por supuesto, sabía que este fenómeno era natural, pero ver cómo lo vivía alguien tan joven y cómo eso lo ayudó a encontrar palabras para expresar ese dolor y sanar fue inolvidable.

El dolor de tu cansancio, el punto de saturación donde se manifiesta como tensión en tu vida, está revelando una verdad más grande, y debemos prestarle atención y abordarlo. Cada una de nosotras necesita preguntarse: "¿Dónde te duele? ¿Dónde estás cansada hasta las lágrimas? ¿Dónde el agotamiento se ha vuelto insoportable?". Sin embargo, para una curación duradera de la fatiga que hemos experimentado toda nuestra vida, también tendremos que profundizar en la fuente del dolor, entendiendo que la causa puede no estar en el mismo sitio de la herida.

Para dejar de vivir cansadas, tenemos que saber dónde estamos cansadas y por qué.

Aquí hay algunos ejemplos.

· · · · · · · · ·

Tiffany es una mujer con una misión. Desde que conoció a Jesús en su adolescencia tardía, ha estado impulsada por la pasión y el propósito. Escucha a Dios, lo obedece, le encanta leer la Palabra y servir a los demás. Es madre de dos niños pequeños y quiere hacer todo lo posible para criarlos con fe, compasión y amabilidad. Desafortunadamente, los últimos años han sido difíciles para su familia, ya que el estrés actual de Tiffany se ha combinado con el resurgimiento de traumas de su pasado.

Todo sería manejable si pudiera dormir una noche entera, pero su hijo de cuatro años todavía no duerme muy bien y viene a su cama casi todas las noches. Está muy cansada, y su principal dolor parece ser el agotamiento físico. Sin embargo, también ha comenzado a sentir cansancio espiritual después de décadas de querer complacer a Dios y no entender cuán valiosa es para Él, aun sin hacer nada. Además, está agotada emocionalmente por hacerle espacio a los sentimientos de los demás y nunca tomarse el tiempo para experimentar y procesar los propios.

Necesita más sueño, sí, pero también necesita con desesperación que alguien le recuerde lo que el evangelio significa realmente para ella. En verdad, podría usar ayuda para luchar contra el miedo que la acosa cuando intenta quedarse dormida. Si se tomara el tiempo para cuidar de sus propias emociones, dejaría de sentir que siempre está conteniendo la respiración y evitando estar sola.

· · · · · · · · ·

Nicole tiene un poco más de veinte años y, a todas luces, debería estar viviendo la mejor época de su vida. Consiguió un trabajo que ama justo después de graduarse (fue la primera en su familia en ir a la universidad). Está obsesionada con sus amigos y su comunidad de la iglesia, lleva regularmente un diario para mantener su corazón y su mente en buen estado, y acaba de empezar a asistir a terapia una vez al mes para reforzar su salud emocional.

Sin embargo, de vez en cuando, entra en crisis y no puede recuperar el aliento. Al principio se siente algo extraña por unos días, luego las lágrimas aparecen de la nada y, cuando se instala la fatiga, cancela todo lo que puede por las siguientes cuarenta y ocho horas y se queda en la cama. Jura que no está deprimida y no cree que esté relacionado con su ciclo menstrual, pero se ha esforzado en descubrir qué le pasa y siente una gran vergüenza por esa montaña rusa emocional a la que insiste en subirse.

La verdad es que su agenda está demasiado llena y su "mejor época de la vida" es tan activa que su cuerpo no da abasto. Ha aprendido a reprimir, día tras día, los síntomas de cansancio físico porque la vida le parece maravillosa y le cuesta decir que no. Su miedo a perderse algo y su profundo deseo de vivir una vida intensa la mantienen en un estado de casi constante agotamiento, pero no puede verlo porque el "estrés" no le parece dañino y todo es estimulante y agradable.

· · · · · · · ·

Jackie mantiene un buen balance entre ser madre soltera de tres adolescentes y trabajar desde casa en recursos humanos. Todas sus amigas dicen que se sienten igual que ella, un poco dispersas y constantemente atrasadas, así que ha aprendido a no preocuparse demasiado por esa sensación de estar desbordada que siempre le acompaña. Nunca parece recordar de qué se trató el sermón en la iglesia a mitad de semana, y aunque eso le genera vergüenza, no está segura de que haya algo que pueda hacer al respecto.

Se pregunta si para todos los demás la vida también consiste en listas y tareas sin terminar. Se pregunta dónde está Jesús en medio de su vida desordenada. Está cansada, pero sobre todo cansada de no estar completamente consciente de lo que sucede a su alrededor. Sin embargo, antes de que pueda profundizar en ese problema, ya está haciendo otra cosa. Le gustaría rezar para estar más consciente, pero se olvida. A menudo interrumpe su tiempo con Dios por la mañana para dar un rápido paseo por las redes sociales. Su rutina nocturna consiste en ocuparse de los demás hasta que se pone a ver una serie por cuyos capítulos avanza lentamente. Esa es su forma de desconectar el cerebro cada noche.

Su agotamiento mental es una forma de vida, ¿verdad? Sabe que solía ser una pensadora profunda; solía tener margen para el descanso, y espera recuperarlo algún día.

· · · · · · · · ·

Natalie es una madre que ha visto a sus hijos irse de casa y vive lo que parece ser una vida tranquila. Trabaja a tiempo parcial en la tienda de su amiga, no por necesidad económica sino porque le encanta ver llegar la ropa nueva y conversar con los compradores. Su único nieto vive en otro estado, y viaja para visitarlo tan a menudo como su nuera se lo permite. Su esposo jura que se jubilará pronto, pero, a decir verdad, ella disfruta de tener tiempo libre mientras él todavía está bastante ocupado.

Está en una etapa en la que el sueño es placentero y duerme ocho o nueve horas la mayoría de las noches. Se despierta tranquila con su té y su Biblia, y disfruta de varios momentos de tranquilidad antes de quedarse dormida por la noche. Entonces, ¿por qué está tan cansada?

Creció en una época en la que procesar las emociones no solo era considerado mala educación, sino también egoísta y dramático. Además, ¿de qué se puede quejar? Su vida es excelente, así que oculta sus sentimientos y no ha dejado que sus emociones profundas emerjan por muchos años. Sin embargo, el trauma de su pasado aparece de la nada; ve una película triste y luego se siente exhausta por varios días. Cuando asiste a una conferencia para mujeres cristianas, entra sintiéndose exuberante y se va fatigada por el esfuerzo de reprimir lo que está apenas debajo de la superficie.

Para alguien que no es extrovertida con sus emociones, la energía necesaria para transitar apenas un día sin estallar en lágrimas es, a veces, casi inhumana. No hay siesta, ni vacación, ni tiempo en silencio que la ayude a sentirse descansada. No puede entender por qué sigue tan cansada.

Tipos de cansancio

No hay un único tipo de descanso que funcione para todas nosotras porque estamos cansadas de maneras muy diferentes. Aunque nuestro cansancio se manifieste en un área, podría ser mayor en otra.

Por eso, muchas de nosotras seguimos sintiéndonos cansadas después de unas vacaciones, o irritables después de una siesta, sin energía cuando nos tomamos un día libre, o completamente agotadas cuando salimos de eventos que debían haber sido revitalizantes.

A lo largo de este libro, vamos a explorar las diferentes áreas de cansancio para encontrar dónde nos afecta más, pero primero, tú y yo debemos entender que cada tipo de cansancio es diferente. Una vez que encontremos la fuente de nuestra fatiga, podemos descansar de la forma que mejor conviene a nuestra alma.

Espiritualmente cansada

Por lo tanto, ya no hay ninguna condenación para los que están en Cristo Jesús, pues por medio de él la ley del Espíritu de vida te ha liberado de la ley del pecado y de la muerte. (Rom 8:1-2)

Él me interrumpió mientras barría.

Tenía unos veinticinco años cuando mi esposo me llamó mientras yo limpiaba la casa de un modo frenético, me sentó en nuestro barato sofá marrón, imitación de cuero, y trató de explicarme el evangelio. Para ese momento, yo llevaba ya más de diez años como fiel creyente de Jesús. Incluso había dictado algunos cursos de estudios bíblicos y publicado algunos artículos sobre ideas de las Escrituras, pero algo hizo que Nick percibiera una inquietud en mi corazón que necesitaba ser atendida.

Aunque me hablaba de manera amable y humilde, no pude evitar sentirme herida cuando me preguntó si entendía el evangelio. —¡Por supuesto que sé qué es el evangelio! ¡Es la Buena Nueva! —Lo había escuchado en algún sermón.

—Sin embargo, esa Buena Nueva es la respuesta a un problema. ¿Sabes cuál es la mala noticia? —respondió él.

Quería contestarle algo inteligente que mostrara cuánto sabía, pero no encontraba las palabras. Ahora que había quedado en evidencia, en lo profundo de mi mente, temía no entender ni siquiera qué era la Buena Nueva.

Solté de prisa algunas palabras sobre el amor de Jesús por nosotros, pero de nuevo me sentí herida y a la defensiva. Él me confirmó lo que yo sabía que era verdad: que Jesús me amaba a mí y a nosotros. También me dijo que la Buena Nueva era un antídoto para la mala noticia que me hacía sentir condenada e insatisfecha.

La mala noticia era que no lograría hacerlo por mi cuenta; ningún esfuerzo sería suficiente. Mis intenciones nunca eran totalmente legítimas. Siempre fracasaría, aunque hiciera lo mejor que pudiera. Y la peor noticia era que así, aunque intentara hacerlo todo bien, no estaría eligiendo a Jesús y ganándome su amor.

La Buena Nueva era que Él me eligió primero. La Buena Nueva era que Él me entregó su justicia como un regalo, una carta de identidad para avanzar en mi camino, y que me daba acceso a una seguridad y pertenencia que precedían todo intento de hacer las cosas bien, aunque resultara en fracaso.

La Buena Nueva era que Jesús me redimió de una vez y para siempre con su extraordinario sacrificio, y seguía salvándome y extendiendo su gracia, su perdón y su redención a medida que los necesitara en mi vida diaria.

La mala noticia era que no era la mejor madre, la esposa de pastor más fiel, la amiga más amable, la ministra del evangelio más segura, ni siquiera la mujer más piadosa.

La Buena Noticia era que era amada sin importar nada, y que Dios me había puesto donde estaba con un propósito para su gloria y el bien de los demás, para ser su embajadora y su hija tal como era, sin necesidad de fingir o esforzarme.

¿Por qué interrumpió mi esposo mi frenética sesión de limpieza para darme este discurso sobre el evangelio? Porque había estado moviendo esa escoba de un lado a otro mientras contenía lágrimas de frustración por mi incapacidad para controlarlo todo. Por décima vez esa semana, él vio mi humanidad en crisis, que se tambaleaba y desmoronaba. De alguna manera, porque él me ve y me ama tal como soy, sabía que esto no era solo un agotamiento físico o emocional sino también espiritual.

Había olvidado el evangelio, y eso me había dejado completamente cansada de ser yo misma. Una mala interpretación del evangelio y de la gracia dejará exhausta nuestra alma, nuestros huesos, el centro mismo de nuestro ser.

El agotamiento espiritual se manifiesta de muchas maneras:

Puedes estar cansada de tratar de ganarte tu lugar en el reino.

Puedes estar agotada por abuso espiritual, manipulación o situaciones que demandan un esfuerzo constante.

Puede faltar paz y calma en tu vida porque has perdido el aprecio por el misterio o el asombro de las cosas eternas, y estás decidida a entender cada precepto.

El agotamiento espiritual puede haber comenzado si estás viviendo según ritmos espirituales que obedecen a la obligación en lugar de la aceptación.

También puedes estar espiritualmente cansada si has dejado de ver y buscar la abundancia y, en su lugar, has comenzado a actuar solo por obligación.

Lo interesante de este episodio que te acabo de contar es que cualquier otra persona, al mirar mi vida en esa época, habría dado por hecho que estaba agotada físicamente. Tenía tres hijos menores de tres años en ese momento y dormía muy poco. Además, llevaba una vida muy aislada, ya que residía a tres mil millas de mi familia y compartía un auto y un celular con mi esposo, por lo que algunos podrían haber supuesto que estaba emocionalmente cansada. No sé si alguien hubiera pensado que estaba fatigada mentalmente porque la pregunta más apremiante de mi vida cotidiana era si debíamos ver *Dinotren* antes o después de la hora de la siesta, pero creo que entienden a lo que me refiero.

Después de esa conversación, pude hacer una clara distinción entre mi espíritu, mi ministerio, mi alegría y mi salud mental en general. Una vez que noté la lucha y el agotamiento espiritual que se habían instalado en mí, busqué asesoramiento y comencé a tener conversaciones honestas sobre el evangelio y la gracia. Memoricé Romanos 8:1: "ya no hay ninguna condenación para los que están en Cristo Jesús", y pegué por toda la casa pósits con frases que me recordaban la misericordia y bondad de Dios.

El agotamiento espiritual penetrará hasta nuestra médula, se arraigará en nuestros huesos y vaciará nuestro espíritu. A menudo puede ser difícil determinar que nuestra fatiga es espiritual, y tendremos que ser valientes para admitir que nuestra alma es la que necesita alivio. Sin embargo, una vez que recibamos la ayuda que necesitamos, sentiremos como si alguien hubiera encendido las luces justo cuando ya no podíamos soportar la oscuridad.

Físicamente Cansada
En vano madrugan ustedes y se acuestan muy tarde para comer un pan de fatigas, porque Dios lo da a sus amados mientras duermen. (Sal 127:2)

Alerta de *spoiler* divertido: Aunque acabamos de hablar de la fatiga espiritual, todos los tipos de agotamiento a menudo provienen de malentendidos espirituales. Nuestra recuperación en cada área tiene consecuencias eternas. Tu cuerpo físico no está separado de tu alma. Todas las formas de cansancio están interconectadas, como las venas, los tejidos, las neuronas y los nervios en nuestro cuerpo.

Dicho esto, a veces lo que necesitas es una siesta.

Sabes quién eres. No necesitas una larga explicación de mi parte, ¿verdad?

Nos hemos convencido de que cinco horas de sueño son suficientes para nosotras. Nuestro cuerpo es diferente. No necesitamos descansar un día de hacer ejercicio. Nos horroriza pensar lo que eso significaría para nosotras. No, no nos importa adelantar la reunión media hora, aunque eso nos obligue a estar despiertas dos horas más para prepararnos. Nos hemos acostumbrado tanto a exigir a nuestro cuerpo más allá de sus límites que experimentamos el dolor o el cansancio como una sobredosis de endorfinas; creemos erróneamente que eso significa que lo estamos haciendo bien.

He prometido no avergonzar a mis hermanas en Cristo en este libro, así que quiero que me imagines en medio de ustedes con una expresión culpable. He llevado mi agotamiento como una medalla de honor. He criticado a mis amigas por dormir más de siete horas, y he puesto la alarma cada vez más temprano para cumplir con más y más expectativas.

Y he visto, como mencioné en el capítulo anterior, que no hay ganadores en la competencia de quién puede vivir menos descansado. Si seguimos diciendo que dormiremos cuando estemos muertas, puede que nuestro deseo se cumpla más pronto que tarde. No solo nuestro cuerpo físico colapsará si ignoramos sus necesidades, sus advertencias y sus desesperadas súplicas de ayuda, sino que también viviremos medio despiertas si no dormimos lo suficiente, lo que es mucho peor.

Nunca olvidaré que me quedé dormida en el camino al ensayo de mi boda. Mi mamá y mi padrastro iban delante y mi hermana mayor compartía el asiento trasero conmigo. Yo llevaba puesto el hermoso vestido blanco a media pierna que había elegido semanas antes. En el trayecto de quince minutos a la iglesia, me quedé dormida. Recuerdo despertarme y pensar: *¡Esto está mal! Si estoy tan cansada que me quedo dormida, a pesar de los litros de Diet Coke que corren por mis venas y mi entusiasmo de novia, mi cuerpo realmente necesita dormir.*

La cuestión es: ¿seremos lo suficientemente valientes para preguntarnos por qué nos conformamos con el agotamiento físico? ¿Qué responderemos cuando nos preguntemos cómo llegamos hasta aquí; por qué nos negamos a descansar y qué tememos que pase cuando lo hagamos?

El agotamiento físico es un poco más fácil de detectar que otros tipos de cansancio, pero busca estas señales de advertencia en tu vida:

Podrías haberte acostumbrado al agotamiento físico si a menudo hablas con falsa modestia de lo poco que dormiste anoche.

Podrías estar físicamente agotada si eres capaz de pasar el día sin dormir una siesta, pero a menudo pierdes la concentración o te olvidas de estar presente.

El agotamiento físico puede ser tu problema principal si insistes en llegar cinco minutos antes o quedarte después de que todos se hayan ido.

Es posible que necesites abordar tu agotamiento físico si te enorgulleces de negarle a tu cuerpo sus necesidades básicas para demostrar todo lo que puedes hacer.

Podrías estar en un nivel crítico de cansancio físico si tu cuerpo te advierte con señales tales como la ansiedad, el insomnio, las enfermedades crónicas o la fatiga suprarrenal.

Para muchas de nosotras, el orgullo es la raíz del problema asociado con estar físicamente cansadas. Nuestra idea del descanso tiene connotaciones negativas que nos llevan a equipararlo con la pereza, la indulgencia y la falta de fiabilidad.

Juntas, desarraigaremos poco a poco las mentiras sobre el descanso y nuestro cuerpo, y volveremos la mirada a la vida de Jesús para encontrar descanso físico en esta pródiga tierra que habitamos. Será muy bueno, lo prometo.

Mentalmente cansada
Todo esto lo digo ahora que estoy con ustedes. Pero el Consolador, el Espíritu Santo, a quien el Padre enviará en mi nombre, les enseñará todas las cosas y les hará recordar todo lo que he dicho. La paz les dejo; mi paz les doy. Yo no se la doy a ustedes como la da el mundo. No se angustien ni se acobarden. (Juan 14:25-27)

Antes de abrir mis ojos, se despliega la lista. Primero, recuerdo las cosas de ayer que no terminé. La vergüenza gira por mi mente mientras me cubro la cara con las cobijas. Organizo esas tareas atrasadas sin abrir los ojos, pero empiezo a mover los dedos de los pies y a despertar mis piernas.

Estiro el brazo bajo la almohada, agarro mi teléfono y apago la alarma que ni siquiera llegó a sonar mientras me pongo la bata y salgo sigilosamente del dormitorio. Voy a la cocina para encender la cafetera, y la lista de cosas pendientes, de un rojo brillante, titila en mi mente mientras elijo una taza y presiono "Preparar". Es hora de hacer una lista de verdad, así que abro la aplicación Notes en mi teléfono antes de olvidar lo que acabo de recordar.

Cuando abro la aplicación, me desanima encontrar la lista que empecé hace unos días y nunca terminé. Le agrego tareas, abro Instagram mientras espero que el café esté listo, y me desplazo por la pantalla sin pensar hasta que veo a mi vieja amiga convertida en teórica de conspiraciones extremas. No puedo decidir qué es más aterrador: esta nueva pieza inflamatoria de noticias falsas que acaba de publicar o la idea de hablar con ella al respecto. Cierro la aplicación, agarro la taza, tomo mi Biblia, y me dirijo al sofá para tener unos minutos en silencio antes de que los demás se despierten.

Abro mi Biblia en la página donde la dejé la última vez, y me molesta no recordar este pasaje que estaba estudiando. ¿Cómo puedo crecer en mi fe si no recuerdo sobre qué medito cada mañana mientras vivo mi vida? Paso de estudiar a escribir en mi diario personal, a apuntar frases cortas y oraciones, y a volver a abrir la aplicación para agregar tareas importantes a mi lista incompleta.

Escucho la alarma de otra persona en la casa. La fatiga deja mis miembros pesados y mi alma cansada. ¿Cómo puedo estar ya cansada antes de que empiece el día?

La fatiga mental no es la excepción, sino una persistente regla cultural. Se da por hecho que la mayoría de nosotros seremos bombardeados con información desde el momento en que abrimos los ojos por la mañana hasta cerrarlos por la noche. Hay una premisa en todo el mundo de que tú acatarás la política de estar accesible en todo momento a través de tu teléfono. Hay una insistencia implícita de que nosotras, como mujeres, haremos las acrobacias mentales necesarias para coordinar y lidiar con las complicadas vidas de todos aquellos que guiamos y amamos.

Tiene sentido que estés cansada mentalmente. Y si necesitas descanso en tus pensamientos, tu espíritu y tu procesamiento estratégico, tendrás que estar de acuerdo en nadar contra la corriente cultural.

Busca estas señales que te advierten que estás lidiando con el agotamiento mental:

Podrías estar mentalmente cansada si cada vez te cuesta más recordar fechas, nombres o detalles.

Podrías tener problemas de fatiga mental si tus pensamientos son obsesivos, invasivos o excesivamente ansiosos.

Podrías necesitar descanso mental si buscas distraerte todo el tiempo para escapar de pensamientos abrumadores, planes y problemas que no puedes resolver.

El agotamiento mental podría haberse instalado si has perdido tu chispa creativa, tu alegría o tu pasión por usar los dones que Dios te ha dado.

Podrías estar mentalmente cansada si siempre deseas tener un poco más de tiempo para planificar, procesar o perfeccionar lo que quieres decir o hacer.

Podrías estar sufriendo fatiga mental si te cuesta tomar decisiones sabias a tiempo o te sientes asustada cuando se te presentan múltiples oportunidades.

La fatiga mental no tiene que ser nuestra norma. Dios nos ha dado a Jesús, nuestro Príncipe de Paz. Nos ha dado mentes sanas y estrategias para ordenar la constante avalancha de pensamientos, planes y problemas. Nuestra ansiedad y otros conflictos mentales no son signos de que nuestro cerebro esté roto, sino más bien una prueba de que vivimos bajo los efectos de un mundo caído.

Si sentirte como si estuvieras siempre un paso atrás, distraída y confundida, se ha vuelto normal, el descanso mental cambiará tu vida.

Emocionalmente cansada
Sentimos una vergüenza innecesaria por nuestro cansancio, y Dios sabe que nos avergüenzan nuestras lágrimas. Y, sin embargo, vemos que llorar, específicamente debido a la fatiga emocional, es muy bíblico.

> Mis lágrimas son mi pan de día y de noche, mientras me preguntan a todas horas: "¿Dónde está tu Dios?". Recuerdo esto y me deshago en llanto: yo solía ir con la multitud y la conducía a la casa de Dios. Entre voces de alegría y acciones de gracias hacíamos gran celebración. (Sal 42:3-4)

—No sé por qué estoy llorando —dice ella.

Mi amiga se sienta frente a mí, y trata de secarse rápidamente las lágrimas de las mejillas, como si deseara que volvieran al lugar de donde vinieron. Ella no sabe por qué está llorando, pero, Dios mío, yo sí.

Tal vez sea un trauma de su pasado que todos le dijeron que no tenía derecho a procesar. Tal vez sea que su vida le parece abrumadora por sentirse siempre obligada a amar, a guiar, a servir y a estar presente para todos los demás. Tal vez acaban de pasar las fiestas, y las pequeñas heridas de una relación dolorosa con una familia que no procesa el trauma están recién apareciendo en cada rincón de su alma. Tal vez sea el mundo que parece desmoronarse culturalmente a nuestro alrededor, y cada noticia reciente es un recordatorio doloroso de lo que enfrentamos.

Ella no sabe por qué está llorando mientras me cuenta que tuvo una difícil conversación con otra amiga, pero yo no sé cómo ha podido contener las lágrimas tanto tiempo.

He aprendido esto sobre los sentimientos: Si no les hacemos espacio a nuestras emociones y no le prestamos plena atención a lo que ellas nos dicen, invadirán todas las demás áreas de nuestra vida.

Nuestras emociones son nuestro corazón delator, como el del cadáver loco de Poe que seguía latiendo más fuerte de lo que nadie podía soportar. Las emociones no procesadas son como una roca que llevamos mientras corremos una maratón, y no podemos entender por qué estamos tan cansadas, aunque nos entrenamos para esto. No podemos entender por qué estamos llorando, pero siento que el Espíritu Santo se cierne sobre nosotras, con el deseo de que recibamos el consuelo que nos ofrece.

La fatiga emocional no obedece límites ni fronteras; más bien, se filtra en cada grieta que encuentra. Las lágrimas que intentamos contener contraen nuestros rostros hasta que salimos corriendo de la habitación para no ser descubiertas. Nuestra capacidad o falta de habilidad para ser consoladas por Dios, para sentir delante de Él y recibir lo que nos ofrece es el tejido conectivo que une nuestras emociones con nuestro ser eterno. Aunque nos concentremos en nuestras tareas e intentemos mantener nuestra mente ordenada, nuestras emociones irrumpen en nuestros pensamientos conscientes e inconscientes, y permean y opacan cada interacción y compromiso.

Aquí hay algunos indicadores de que estás lidiando con la fatiga emocional:

Podrías estar emocionalmente cansada si ya no puedes sentir compasión por los demás.

Podrías estar emocionalmente agotada si tu modo habitual de conducirte es reprimir tus sentimientos y prometerte pensar en ellos más tarde.

Podrías estar experimentando fatiga emocional si finges empatía por lo que los demás expresan, ya sea positivo o negativo.

La fatiga emocional podría ser un problema para ti si te descubres sintiendo emociones negativas hacia personas que no lo merecen.

Podrías estar emocionalmente cansada si no puedes superar ciertas emociones y sientes que se quedarán para siempre.

Aunque no soy terapeuta (Dios mío, ¡cuánto ellos me han cambiado la vida y me han ayudado a conocer mejor a Dios y a mí misma!), sé que nuestras emociones son esenciales para nuestra salud. También sé que pueden agotar nuestra energía como un cáncer invisible, volviendo opaco lo que es brillante.

Considera si hacer más espacio para tus emociones y procesarlas con Dios no es la respuesta a lo que te hace sentir tan cansada en estos días. ¿No tendría también sentido esta respuesta para quienes descansan muchísimo y nunca se sienten renovadas?

¿Dónde estás más cansada?

Encontrar el lugar de tu cansancio es fundamental para salir del círculo vicioso del agotamiento en tu vida. Es probable que al leer sus descripciones, uno o más de los tipos de cansancio te hayan resonado. Tengo, también, una herramienta para ayudarte a revisar tu situación actual.

A continuación, encontrarás un breve cuestionario para examinarte y ver dónde estás más cansada. Es posible que descubras que estás fatigada en múltiples áreas, y eso es muy común y una buena noticia. Significa que más sanación y más esperanza son posibles para ti.

Sé tan honesta como puedas contigo misma y con Dios.

Dejemos de lado la vergüenza por estar donde estamos y esperancémonos por el lugar hacia donde vamos.

1. Cuando estoy cansada, generalmente lo sé porque…
   A. critico a los demás y dudo de Dios.

B. me duele el cuerpo de la cabeza a los pies.
C. no puedo pensar con claridad y no puedo completar un pensamiento o una frase con facilidad.
D. lloro por nada.
2. Si pudiera arreglar una cosa, sería...
   A. el peso aplastante de ser humana.
   B. mi nivel de energía para que sea suficiente para mi vida.
   C. sentirme confiada y lista al comienzo de cada día.
   D. sentirme adecuada y capaz en mis relaciones.
3. Deseo poder...
   A. sentirme conectada con mi alma.
   B. sentirme presente en mi cuerpo.
   C. sentir claridad en mis pensamientos.
   D. sentirme en control de mis emociones.
4. Lo primero que pierdo cuando estoy cansada es...
   A. mi capacidad de orar y hablar con Dios.
   B. las rutinas físicas que me mantienen saludable.
   C. hacerme tiempo y espacio para pensar o soñar.
   D. procesar mis emociones y sentimientos.
5. Me siento más aliviada cuando...
   A. alguien me dice que está orando por mí y que ve mi crecimiento.
   B. se cancelan los planes.
   C. tomo una decisión sabia o alguien la toma por mí.
   D. me doy cuenta de que he superado una situación difícil sin desmoronarme.
6. Desearía que alguien más...
   A. me alimentara espiritualmente.
   B. quitara las cargas físicas de mi vida.
   C. manejara los planes y detalles de mi vida.
   D. se sentara conmigo mientras ordeno lo que está pasando en mi vida.
7. Un retiro ideal o unas vacaciones soñadas implicarían...

A. recibir una buena enseñanza y cuidado del alma.
B. hacer siestas, disfrutar de la tranquilidad y estar recostada junto a una piscina.
C. leer un buen libro de ficción en el que pueda perderme.
D. un amigo o terapeuta con quien pueda hablar durante horas.

Este cuestionario no es la solución definitiva para encontrar dónde estás más fatigada. Sobre todo, rezo para que, al leer las preguntas y respuestas, hayan aparecido algunas ideas claras sobre qué tipo de cansancio podrías estar experimentando. Dicho esto, si respondiste:

- Casi todas *A*: presta especial atención a la sección de este libro sobre el cansancio espiritual. Recuerda que se presenta de muchas maneras diferentes, pero hay mucha esperanza para ti en estas páginas.
- Casi todas *B*: puede que la fatiga física sea lo que más te atormenta en este momento.
- Casi todas *C:* la fatiga mental es real y permea nuestras vidas. Rezo para que esa sección del libro te sea útil.
- Casi todas *D:* puedes estar luchando con la fatiga emocional. Evalúa mientras lees cómo tus sentimientos y emociones aparecen en otras áreas.

Si tus respuestas fueron variadas, es comprensible ya que nuestra fatiga en cada esfera está interconectada. Hay buenas noticias para todas nosotras: hay mucha sanación por delante.

En los capítulos siguientes, encontrarás un análisis de cada cansancio en particular y la promesa que Dios nos hace para poder enfrentarlo en nuestras vidas. Quiero advertirte que no leas solo los capítulos relacionados con el área en la que actualmente percibes que tienes un problema. En primer lugar, es posible que encuentres consuelo e información en áreas que ni siquiera sabías que eran conflictivas para ti. En segundo lugar, a medida que tu vida cambia, también lo hacen tus áreas de fatiga. Prefiero que estés armada y lista para enfrentar cualquier tipo de cansancio que venga hacia ti y que tengas información para servir también a quienes te rodean.

Tenemos a disposición la información de dónde estamos más fatigadas, o al menos tenemos una idea más clara que al comenzar. Estamos listas para enfrentar los problemas que nuestra cultura, obsesionada con la productividad y negadora de límites, ha causado en nuestras vidas. Al mismo tiempo, estamos ansiosas por sumergirnos en las promesas de Dios y emerger con aún más claridad sobre su naturaleza. Sigamos adelante con valentía.

Lo que las mujeres tienen para decir

He vivido la mayor parte de mi vida sin considerar que había cuatro tipos diferentes de cansancio. Creo que siempre los he agrupado en dos: físico o mental/emocional. Por eso, darme cuenta de que podemos distinguirlos, y además abordar el cansancio espiritual ha sido muy revelador. Conocer la causa de mi cansancio es el primer paso para hacer algo al respecto.

Erin, esposa, mamá de adolescentes, miembro del personal de la iglesia

Cinco

Cansancio espiritual
"Solo necesito sobrevivir las próximas semanas"

Me encantan los memes o las frases graciosas que circulan por internet. Algunas de mis favoritas son las siguientes:

El verdadero milagro que Jesús realizó fue tener doce amigos a los treinta años.

Sentarte en tu auto frente a tu casa es autocuidado. No sé por qué, simplemente lo es.

No vas al supermercado porque necesitas algo. Vas al supermercado y dejas que el supermercado te diga lo que necesitas.

En cambio, no me gusta cuando un meme comienza a circular por internet y se arraiga en nuestros corazones como una verdad, cuando en realidad es una mentira horrible que afectará el resto de nuestra vida.

En esta categoría, me gustaría presentar como Prueba A, la frase de meme que menos me gusta:

La adultez consiste en repetir "Solo tengo que sobrevivir estas semanas", una y otra vez.

Por supuesto, odio esa frase porque la he dicho demasiadas veces yo misma. Sin embargo, después de la primera vez que leí esa afirmación, comencé a preguntarme si no había para mí, para nosotras, otra forma de vivir.

Porque, amigas mías, ya no puedo más.

Me niego a seguir viviendo como si no me esperara otra cosa que un ciclo interminable de agotamiento y una existencia apática.

Me niego a vivir anestesiada hasta colapsar finalmente, hipnotizada por la prisa constante, y a dejar de ver los miles de pequeños milagros cotidianos.

Por desgracia, bromear entre nosotras sobre el cansancio espiritual se ha vuelto muy normal. El cansancio espiritual se convierte en nuestra realidad cuando cambiamos el cuidado de Dios por nuestra obligación, la gracia de Dios por el amor que debemos ganarnos, y la abundancia de Dios por llegar apenas al final del día.

En lo profundo de mi alma, no puedo creer que Jesús quiera que vivamos así. No puedo imaginar que nuestro amoroso Padre, que nos creó con cuidado e ingenio, que nos colocó en la tierra como un acto de glorificación de sí mismo, que envió a su Hijo para redimir nuestras almas, que nos dio el Espíritu que levantó a Jesús de entre los muertos... No puedo imaginar que Él quiera que vivamos a un ritmo que nos deja tan exhaustas que nuestra única opción sea sobrevivir.

Cada expresión de cansancio (físico, mental y emocional) se basa en una tensión espiritual que nosotras, como mujeres de Dios, tenemos que explorar: si Dios nos ama y da descanso a los que ama, ¿por qué estamos viviendo tan cansadas y lo aceptamos como si fuera la única realidad posible?

¿Por qué aceptamos la mentira de que nuestras vidas no están destinadas a ser abundantes, plenas y libres, sino agotadoras, sobrecargadas y carentes de alivio?

El hecho de que estemos cansadas de estar cansadas es un problema espiritual en esencia, y necesitamos un resurgimiento espiritual tanto como una siesta, un día libre o una lista de tareas más breve.

Como seres espirituales, necesitamos soluciones espirituales para nuestros problemas, incluido el agotamiento. Si queremos sanar, debemos comenzar por aquí. Sumerjámonos en las verdades bíblicas, espirituales y eternas sobre nuestra relación con el descanso. Luego, pidamos a Dios que renueve nuestra mente y nos ayude a encontrar un descanso verdadero en nuestra alma, y que esa misma paz se irradie a lo largo de nuestra vida.

Reconoce tu lugar

Mis hijos son niños de iglesia de pies a cabeza. Cumplen a la perfección con el estereotipo.

De alguna manera, en ellos conviven por partes iguales el entusiasmo por servir y la capacidad de provocar el caos y hacer travesuras. Establecimos la Iglesia de la Ciudad Luminosa [*Bright City Church*] cuando ellos tenían uno, cinco, seis y siete años. Ahora, nuestra casa está llena de adolescentes que han crecido con nuestra iglesia y se sienten tan cómodos allí como en casa. ¿Demasiado cómodos a veces? Seguro que sí.

¿A veces roban bocadillos de la cocina de la iglesia y le prenden fuego al cubo de basura durante la oración previa al servicio? Sí. ¿Al mismo tiempo, ayudan a dirigir el ministerio infantil cuando no conseguimos voluntarios y se ocupan del sonido y las diapositivas? Sí.

Somos una iglesia pequeña (¡pero con un corazón muy grande!), así que casi siempre se hace todo a pulmón. A nuestra familia le encanta que este sea nuestro proyecto. Todos amamos nuestros respectivos roles y nos gusta ser una familia de pastor algo distinta a lo esperado.

Mientras luchaba contra mi propio cansancio, me aparté un poco del liderazgo en Ciudad Luminosa [*Bright City*] el año pasado, pero a veces la gente lo olvida y viene a mí en busca de ayuda. Una de las preocupaciones más comunes en nuestra comunidad fue siempre un desafío para mí: los problemas de comportamiento de los niños en Pequeños Luminosos [*Bright Kids*]. Estaba agradecida de no tener que lidiar con ellos.

Por lo general, comenzaba con una llamada telefónica después del servicio del domingo informándome que había habido un problema y que se necesitaba mi intervención. No hay nada más difícil que decirle a una madre, de manera casual y sin avergonzarla, que su hijo mordió a otro, al mismo tiempo que se insiste en la seriedad del hecho para mantener seguros a los demás niños.

Dicho esto, en cierta ocasión recibí un temido mensaje de texto después de la iglesia, hace unos meses, sobre un problema en Pequeños Brillantes [*Bright Kids*], preguntando si podía contestar una llamada. Me alegró responder: "Oh, ¡hola! No estoy segura si lo sabes. En realidad, ya no estoy a cargo de esto. Deberías llamar al director del ministerio infantil, ¡Él te ayudará a resolver esto!".

Dejé mi teléfono, aliviada de no tener que involucrarme, pero intrigada por lo que había pasado ese día.

Mis hijos mayores habían estado ayudando o durmiendo durante el servicio principal, así que me dirigí a Cannon, nuestro hijo de nueve años, para que me contara lo que había ocurrido. Él solo tiene nueve años, pero funciona en ese grupo como un verdadero pastor. Conoce a los niños con necesidades de procesamiento sensorial y trata de ayudarlos. Le encanta ayudar a la maestra con la merienda y dirigir las sesiones de oración de los estudiantes. Este es su terreno, y lo conoce bien.

Cannon me miró con una expresión de lo más sincera y sorprendida y dijo: "No sé de ningún problema que haya habido hoy en Pequeños Luminosos. Todos se portaron bien".

Justo en ese momento, mi teléfono vibró otra vez al entrar este mensaje: "Lo siento, debí haber sido más clara. Cannon era el niño con el que tuvimos problemas hoy. ¿Puedes hablar un momento?".

La risa algo avergonzada y divertida que brotó de mi boca en ese momento terminó en sorpresa al recordar algo que siempre supe: Cannon es tan precoz como se puede ser, pero también es muy encantador. Por eso, cada vez que hace alguna travesura, los adultos están tentados de reírse en lugar de disciplinarlo. Además de esto, es probable que hayamos inculcado valores de liderazgo bastante fuertes en nuestros hijos y, he aquí que tenía un hijo que, al parecer, no entendía cuál era su lugar, y este malentendido lo llevaba a asumir una responsabilidad mayor de la que tenía.

Lo que siguió fue una sesión de disciplina llena de amabilidad, una conversación con todos nuestros hijos sobre el respeto y el buen comportamiento, y un cordial recordatorio de que ellos deben obedecer y ser guiados en la iglesia. No son soldados, ni miembros del personal, ni siquiera ejemplos. Son niños. Aunque no deben permitir que nadie los menosprecie por su edad, no tienen que vivir como si estuvieran constantemente en la cuerda floja. Mientras las palabras salían de mi boca y pensaba en el peso que había estado cargando, más las responsabilidades que colgaban como piedras de mi cuello, recordé que lo mismo era cierto para mí.

Tampoco yo tengo que vivir como si estuviera constantemente en la cuerda floja.

Al igual que Cannon, necesito frecuentes recordatorios de que soy una hija de Dios, no solo una trabajadora, una líder o una proveedora para otras personas en el reino.

Y también, al igual que Cannon, necesito reconocer mi lugar, lo cual me preservará de asumir más de lo que estoy destinada a hacer.

Puestas en el descanso

El tema bíblico del descanso no es el premio por esforzarse al máximo para hacer feliz a Dios. No es decorativo ni opcional, algo que podamos eludir o sin lo que podamos experimentar la plenitud del reino de Dios. Cuanto más profundicemos en las Escrituras, más veremos que Él ha integrado la invitación y el regalo del descanso en toda la narrativa de su pueblo. Esta es una noticia excelente para ti y para mí mientras descubrimos nuestro verdadero lugar, que es en realidad un lugar de descanso.

Comencemos por el Génesis. Ya hemos cubierto las referencias al descanso durante la creación y la encarnación a nuestro Dios uno y trino. Dado que estamos estudiando nuestro lugar, quiero ver lo que está ocurriendo con los humanos en el jardín del Edén. Veamos Génesis 2:15: "Dios el Señor tomó al hombre y lo puso en el jardín del Edén para que lo cultivara y lo cuidara".

Pues bien, esto no suena muy descansado al principio, hasta que profundizamos en la etimología del hebreo en este interesante versículo. "Puso" es la palabra hebrea *yanach*, que significa "otorgar, colocar y descansar". Mientras que, en otros lugares, la palabra hebrea que más a menudo vemos es *soom*, que simplemente significa "poner o colocar."

Si unimos estos dos significados, concluimos que hemos sido colocados activa e intencionalmente en el descanso y llamados a cultivar. Vemos una vez más que el trabajo y el descanso no se oponen. Rezo para que esta sea una buena noticia para cada una de ustedes que ama trabajar y ha sentido vergüenza por ello. No hay nada de malo en que te guste tu trabajo. Cultivar es una ley del reino. Cuando trabajamos, estamos glorificando a Dios y realizándonos de una manera hermosa.

Sin embargo, al principio, cuando todo estaba bien y era como debía ser, la humanidad también fue puesta a descansar. El descanso no es un complemento opcional en el reino de Dios; es el lugar al que siempre hemos pertenecido. Debido a que tú y yo somos mujeres renovadas por el poder de nuestras mentes, quiero subrayar esto una vez más para todas: el descanso no es un resultado de la caída. El descanso siempre ha sido parte del reino de Dios y es un regalo que Dios nos da.

El descanso no es pereza ni una señal de debilidad. El descanso no es un premio de consolación para quienes no tienen resistencia. El descanso es de donde venimos y también hacia donde vamos. Cuanto más malinterpretemos nuestra relación eterna con el descanso, más tiempo nos llevará conocer nuestro lugar y más agotadas nos sentiremos.

Practicar en el desierto

Si eres como yo, leer sobre Adán y Eva a menudo puede resultarte muy "ajeno" y extraño, como si su realidad no se aplicara a la nuestra hoy en día. Es fundamental para nuestra fe, sin duda, pero no lo sentimos muy cercano, ya que no caminamos con Dios en el fresco de la mañana ni hablamos con serpientes cuando pecamos.

Sé que puedo caminar con Dios en el fresco de la mañana, pero vivo en Charleston, y tenemos apenas unas tres mañanas frescas al año. Soy más bien el tipo de persona que "habla con Dios en bata y con mi café en la mano cuando vuelvo a la cama", ¿sabes?

¿Y los israelitas? Me identifico con ese pueblo de Dios que se queja a menudo y es maravilloso, valiente, temeroso y, con frecuencia, errante. Así que quiero que miremos cómo

Dios puso a los israelitas en el descanso para obtener una visión más realista de dónde nos ha colocado también a nosotras hoy.

Aquí hay un resumen sobre la familia elegida por Dios, a la que seguimos a lo largo del Antiguo Testamento:

Dios les prometió a Abram (a quien más tarde renombró como Abraham) y a su esposa Sarai (luego Sara) que les daría muchos hijos, aunque ellos no podían concebir. Abraham terminó teniendo un hijo con otra mujer porque dudaba de que la promesa se cumpliera, pero él y Sara también tuvieron un hijo: Isaac. Isaac tuvo dos hijos, Esaú y Jacob. Después de que Jacob engañó a Esaú para que le cediera su primogenitura y peleó contra Dios, Dios lo llamó Israel, que significa "el que ha luchado con Dios".

Israel tuvo doce hijos que se mudaron a Egipto debido a una hambruna. Las doce tribus (o grupos familiares más grandes) crecieron de manera exponencial hasta convertirse en una amenaza para los egipcios. En ese momento, los egipcios los esclavizaron y ocurrió una terrible injusticia. Los egipcios se sintieron tan amenazados por los israelitas que su líder ordenó que todos los niños pequeños fueran asesinados para que no tuvieran descendencia ni pudieran tomar el poder. Moisés nació durante ese tiempo de una mujer israelita que lo escondió y lo puso en un río dentro de una canasta, con la esperanza de que flotara a un lugar seguro.

Moisés fue recogido por la hija del rey egipcio, creció en el palacio y, más tarde, se sintió abrumado y compelido por el dolor de su pueblo. Luego, Moisés tuvo un encuentro extraordinario con Dios, quien le pidió que regresara y ayudara a su pueblo a liberarse, y, después de discutir un poco, Moisés aceptó. A través de una serie de milagros, Moisés sacó al pueblo de Egipto, y Dios comenzó a guiarlos hacia su lugar, una tierra que Él había reservado especialmente para ellos.

El viaje de Egipto a la tierra prometida debía llevarles unas noventa y dos horas de caminata, pero a pesar de eso, los israelitas tardaron cuarenta años. En el camino, tuvieron que combatir la desobediencia, las quejas, la ira y la idolatría. Dios siguió apareciendo de manera milagrosa ante ellos, e incluso les proporcionó comida y agua. Les mostró señales, les dio reglas y demostró su presencia una y otra vez. Sin embargo, ellos se quejaban a menudo de su lugar. Querían volver a la esclavitud o avanzar hacia la tierra prometida, pero nunca veían el poder del lugar que ocupaban.

Muchos teólogos han propuesto que el desierto era el espacio que Dios reservó para que los israelitas practicaran el descanso. Sí, hubo muchos conflictos, pues no habían llegado a su lugar de destino aún. Sufrieron muchas dificultades y enfermedades, sucumbieron al pecado y sintieron miedo por lo que vendría después. Sin embargo, también había señales y milagros, y eran provistos de todo lo que necesitaban para desarrollar los músculos del descanso para la tierra prometida. En lugar de aprovechar eso, seguían lidiando con el esfuerzo, la desconfianza y la idolatría, lo cual los agotaba.

Como lectora, es fácil para mí mirar a los israelitas y enojarme: "¡Dios está cuidando de ustedes tan bien! ¿Por qué se resisten tanto? ¡Simplemente relájense y disfruten de su cuidado!". Pero como hija de Dios, una hija que a menudo reniega del lugar en el que ha sido colocada, también siento esta tensión. ¿No es así para ti también? A veces no podemos tomar distancia y ver dónde estamos, dónde se supone que debemos estar o qué se supone que debemos hacer.

Así, trabajamos, nos esforzamos, perseveramos, decimos sí, nos desvelamos, nos levantamos temprano, nos presentamos, servimos e intentamos ser el héroe de nuestra historia y de las de los demás. Luego, nos cansamos, nos volvemos insensibles, vemos televisión en exceso, decimos mil veces no, nos aislamos, y al fin confundimos el descanso con escondernos de nuestra vida hasta que corregimos el rumbo y empezamos a trabajar de nuevo.

Necesitamos reconocer nuestro lugar.

Reconocer nuestro lugar en esta etapa de "el ahora y el todavía no" de nuestra vida es aceptar la invitación de nuestro Padre a creer que Él quiere la plenitud para nosotros y no solo una respuesta derrotista del estilo: "siempre va a ser así; abróchate el cinturón y acostúmbrate a estar cansada".

Reconocer nuestro lugar nos capacita para romper con el mandato de estar siempre ocupadas, para dejar de llenar de actividades nuestros días solo para encajar con los demás.

Reconocer nuestro lugar, aquí en la tierra, significará admitir nuestras limitaciones y nuestros límites para que podamos adoptar un ritmo sostenible en lugar de avanzar a toda velocidad.

Necesitamos reconocer nuestro lugar y saber a dónde vamos.

Hay un lugar futuro

Hay un elefante en la sala cuando hablamos sobre el descanso, y no es un elefante simpático. No es Dumbo. Este elefante es más bien un mamut lanudo, de mal humor, con cólicos menstruales, un animal de pesadilla que preferiríamos ignorar. Es el elefante que no quieres ver cuando estás sola en la oscuridad. Así que, lo enfrentaremos juntas, encendiendo la luz del amor y la gracia de Dios mientras hablamos.

El elefante es este: la Biblia establece una clara correlación entre la muerte y el descanso.

Cuando anhela la muerte, Job dice: "Allí los impíos dejan de perturbar, y allí descansan los de agotadas fuerzas". (Job 3:17, RVR60)

Apocalipsis 14:13 dice:

Entonces oí una voz del cielo que decía: "Escribe: Dichosos los que de ahora en adelante mueren en el Señor".

Sí —dice el Espíritu—, ellos descansarán de sus fatigosas tareas, pues sus obras los acompañan.

Cuando enterramos a alguien, decimos que lo estamos poniendo a descansar.

Nunca olvidaré uno de los mensajes más devastadores que recibí de una amiga que acababa de perder a su hijo. Ella lo estaba abrazando en el hospital mientras se despedía y me envió un mensaje que decía: "Estoy aquí abrazándolo. Él está durmiendo".

Es verdad que la muerte y el descanso están entrelazados, pero a medida que tú y yo experimentamos el cansancio aquí en la tierra, los problemas de los vivos nos acosan. Mientras manejamos nuestras obligaciones, nuestras expectativas y nuestras vidas hiperactivas, el momento en que nuestro cuerpo dejará de respirar parece estar a un millón de kilómetros de distancia.

El año pasado, Nick y yo nos reunimos con el abogado para redactar un documento detallado de nuestra voluntad con relación a nuestra muerte, reunión que habíamos pospuesto durante años. Pensé que podría ser un poco macabro decidir quién se quedaría con nuestros hijos y quién estaría a cargo de desconectarnos, pero en lugar de eso fue como mirar al feo mamut lanudo a la cara sin miedo. Poco después, le dije a Nick que estaba pensando en grabar un sermón para mi propio funeral el día de mi cumpleaños, todos los años, por si acaso. A Nick no le gustó la idea, así que negocié con él que filmara solo la apertura y el cierre.

No me parecía algo tonto, y tal vez tengo la manía de tener siempre la última palabra. Más que nada, pensé que podía enfrentar con ojos abiertos la verdad inevitable de que dejaré este mundo algún día. Imaginé que empezar cada año de mi vida consciente de la realidad de mi muerte me ayudaría a vivir como si de verdad importara.

Aquí está mi propia hipótesis: ¿no será nuestro miedo a la muerte el que nos lleva a evitar el tema, y eso es parte de lo que está causando nuestro agotamiento espiritual? Veo que hacemos esto de varias maneras.

Cuando ignoramos la muerte, intentamos convertir la tierra en el cielo

Una vez tuve una amiga que no estaba segura de creer en el cielo. Puedo ser amiga de alguien sin que me importen sus creencias. Me interesa más averiguar cómo llegaste a ellas y si estás dispuesta, como yo, a seguir aprendiendo.

Sin embargo, esta particular falta de fe me rompió el corazón porque parecía una existencia devastadora. La vida en la tierra es dura, frustrante y efímera. Si no hubiera nada después de ella, me sentiría desalentada en mi intento de encontrar la felicidad, la belleza y la perfección plenas en este mundo imperfecto.

Si no solemos recordar la verdad eterna de la promesa del paraíso para aquellos que caminan con Jesús, nuestra forma de ver el mundo se distorsiona. Creemos que todo el peso recae sobre nosotros para hacer de este lugar algo tan mágico y asombroso como sea posible. Terminamos creyendo que esto es todo lo que tenemos. Luego, después de semejante esfuerzo, nos damos cuenta de que no es tan maravilloso como lo imaginábamos.

Así es exactamente como me sentí la primera vez que, ya siendo adulta, fui a Disney World. Supuestamente, había ido una vez cuando era niña, pero no lo recuerdo. Volví a ir cuando tenía veintiocho años con mis hijos, mi mamá, mi padrastro y mi hermana menor, Caroline. Mi mamá, mi padrastro y mi hermana son fanáticos de Disney, y me habían hablado con entusiasmo sobre cómo me sentiría cuando cruzáramos las puertas y viéramos el gran castillo, pero para mí no fue así.

Tenía miedo de mostrar mi decepción mientras miraba a mi alrededor. Pensaba: ¿Es esto? Por favor, no me envíen correos si son fanáticos de Disney; no estoy atacando su lugar o pasatiempo favorito. Solo estoy diciendo que no me parecía un castillo hermoso, sino pequeño y artificial. Además, había 3 390 personas que se sacaban selfis frente a él, bajo el abrasador sol de Florida, lo que hizo que la experiencia fuera aún menos majestuosa.

Cuando olvidamos la muerte, olvidamos el cielo y nos empeñamos hasta el cansancio por hacer que el castillo de Disney de nuestra vida parezca el palacio de Buckingham, pero no es así. La Tierra no es el paraíso, pero nuestro hogar eterno lo será. Anticipar el descanso y la paz que encontraremos allí y prepararnos para ello ahora puede cambiar todo para nosotros.

Cuando ignoramos la muerte, olvidamos el evangelio

Olvidar la muerte distorsiona nuestra experiencia en la tierra, y nos conduce a conformarnos con castillos falsos en lugar del hogar celestial que Jesús está preparando para nosotros. Además, olvidar la muerte también distorsiona la comprensión de nuestro propósito aquí en la tierra.

Estoy obsesionada por entender lo que piensan las personas que no creen en Jesús sobre el más allá. Sin ser irrespetuosa, me gustaría hacerle a cada una de mis amigas las siguientes preguntas:

- ¿Qué crees que sucede después de la muerte?
- Si existe un "buen lugar", ¿cómo sabrás si te estás dirigiendo allí?

El programa *El lugar bueno* [*The Good Place*] de la Compañía Nacional de Radiodifusión (NBS por su sigla en inglés) plantea estas preguntas y temas, y si no te molesta el uso de un lenguaje algo vulgar cuando miras televisión, te recomiendo encarecidamente verlo. Si no fuera por otra cosa, míralo como una forma de investigar posibles respuestas a las preguntas existenciales de las personas a nuestro alrededor.

De todas formas, para ser honesta, creo que quienes afirmamos que Jesús es nuestro salvador deberíamos responder de vez en cuando esta pregunta: ¿cómo sabes que te estás dirigiendo al buen lugar? ¿Cómo sucede eso?

La razón por la que necesitamos este recordatorio es simple: nos olvidamos. Cuando olvidamos la muerte, olvidamos el cielo, y cuando olvidamos cómo llegamos al cielo, olvidamos el evangelio. Y cuando olvidamos el evangelio, vivimos bajo el agotador peso de la mentira de que tenemos que ser buenas para que nos ocurran cosas buenas. Cuando olvidamos el evangelio, nos esforzaremos en vano hasta sentirnos tan cansadas que no podamos soportarlo. Cuando olvidamos el evangelio, olvidamos nuestro propósito y comenzamos a actuar como si el amor de Dios fuera algo que pudiéramos ganar por nosotras mismas.

Cuando ignoramos la muerte, dejamos de vislumbrar lo eterno

Colosenses 3:2 nos dice que pongamos nuestra mente en las cosas de arriba, pero me encanta cómo lo explica la versión de *El Mensaje* de este pasaje:

> Si de verdad buscas vivir esta nueva vida de resurrección con Cristo, *actúa* en consecuencia. Persigue las cosas que Cristo preside. No te arrastres, con la vista en el suelo, absorto en las cosas que están frente a ti. Mira hacia arriba y presta atención a lo que está pasando alrededor de Cristo, pues ahí es donde está la acción. Ve las cosas desde *su* perspectiva. (vv. 1-2, cursivas en el original)

Tú y yo sabemos que no todo es blanco o negro en nuestra vida. No se trata de la tierra primero y luego el cielo. Todo se mezcla de modo salvaje mientras vivimos en el ahora y el todavía no de la vida en Cristo. Estamos aquí y vivimos bajo la maldición del pecado y los efectos de un mundo caído, pero el Espíritu que resucitó a Jesús de entre los muertos está vivo en nosotros.

Un último síntoma (en esta lista incompleta) de que estamos ignorando la muerte es dejar de vislumbrar la eternidad aquí en la tierra. Si no estamos esperando que el cielo irrumpa y que venga su reino, aun así vendrá, pero tal vez no lo veamos.

¿Y qué tiene esto que ver con nuestro agotamiento?

Si vivimos en una realidad donde esto es todo lo que hay, donde tenemos que trabajar tanto como sea posible para ser tan buenos como podamos, y donde todo es solo muerte y descomposición, seguiremos intentando sobrevivir las próximas semanas.

Tú y yo fuimos creadas y estamos destinadas para mucho más que repetir el ciclo interminable de sobrevivir cada día, una y otra vez.

Fuimos creadas con amor, con cuidado, por un Padre que nos colocó aquí en la tierra no para castigarnos, sino para su alabanza. Formamos parte de su familia en un ecosistema eterno donde no se nos pide ser la fuente de energía ni ganarnos nuestro lugar. Sobre todo, se nos dieron roles y derechos como sus hijas, sus embajadoras, para nuestra alegría y su gloria, no porque Él necesitara drones o soldados anónimos.

La libertad, la abundancia, la sanación, la alegría y la paz sobrenatural fueron adquiridas para nosotros en la cruz de Cristo. El dolor, la muerte y la descomposición que experimentamos aquí en la tierra no son el final para nosotros; hay más por venir. Esto es solo el principio para nosotros. El final no es algo que tengamos que temer, sino donde la verdadera historia comienza.

Es hora de que conozcamos (y vivamos en) nuestro lugar. No se trata de correr como un hámster en una rueda. No fuimos creadas solo para sobrevivir y seguir esforzándonos.

Hacer que el descanso sea realista

¿Alguna vez has escuchado decir: "Ella está tan concentrada en el cielo que no sirve para nada en la tierra"?

Me ha dolido cuando alguien lo ha dicho sobre mí. Y no lo inventaron ellos. La frase se atribuye a Oliver Wendell Holmes Sr., un juez asociado de la Corte Suprema que murió en 1932. Johnny Cash también utilizó esta idea en su canción "No Earthly Good" ["No sirve para nada en la tierra"]. No conocí al Sr. Holmes ni al Sr. Cash. Estoy segura de que ellos han hecho mucho bien, pero realmente no disfruto de esta frase ni de lo que insinúa sobre las personas que están dedicadas a pensar en las cosas celestiales.

Estaba en la universidad cuando alguien me advirtió sobre este atributo de mi personalidad. Recuerdo haber sentido vergüenza durante los años siguientes por la profundidad y la frecuencia con que pensaba y hablaba sobre Dios. Al mirar hacia atrás, detesto haber perdido tanto tiempo en sentirme culpable por la forma en que Dios me hizo.

No quiero que este libro se concentre tanto en el cielo que no sirva para nada en la tierra. Es imperativo para mí que, al llegar a la última página, sientas que tienes herramientas y un plan para luchar contra la sensación de cansancio que te llevó a leerlo en primer lugar. Rezo para que las ideas que encuentres en estas páginas sean prácticas y realistas, y te brinden un descanso que cambie tu vida.

Por eso te hago esta promesa: Lo práctico viene en camino, pero primero tenemos que profundizar en el lado espiritual de por qué estamos tan cansadas.

En contraste con el Sr. Holmes, C. S. Lewis dice que son las personas que han pensado mucho en el cielo quienes han hecho más por este mundo.[1] Debemos mirar al cielo para averiguar por qué estamos tan cansadas en la tierra. Hacerlo nos proporcionará la renovación que cambiará nuestra mentalidad y transformará nuestra vida.

No tienes que seguir sobreviviendo esta semana y la siguiente.

Fuiste creada para vivir en una relación de descanso con Dios.

Tienes la oportunidad de practicar el descanso aquí en la tierra, bajo su provisión y como prueba de su presencia.

Experimentaremos un descanso santo, extraordinario y renovador en el cielo, y pensar ahora en eso nos ayuda a compartir el descanso aquí en la tierra.

Preguntas para la reflexión

1. ¿Con qué frecuencia sientes o dices que solo necesitas sobrevivir las próximas semanas?
2. Si eres sincera, ¿cuáles son las principales tensiones que te hacen sentir de esa manera?
3. ¿Con qué frecuencia piensas en la muerte, el cielo y la eternidad? ¿Cómo te hacen sentir esos pensamientos?
4. ¿Cómo sería para ti vivir en abundancia y libertad ahora?

Síntomas del cansancio espiritual en nuestra vida

- Esfuerzo constante
- Miedo a decepcionar a Dios o no cumplir su voluntad

- Una visión distorsionada o poco clara del evangelio
- Miedo o aprensión por el más allá
- Incapacidad para recibir o dar compasión
- Una actitud derrotista con relación a tu propia vida o el futuro

Versículos para meditar

Salmo 62:1

Solo en Dios halla descanso mi alma;
de él viene mi salvación.

Jeremías 31:25

Porque satisfaré al alma cansada, y saciaré a
toda alma entristecida. (RVR60)

Romanos 8:26-28

Así mismo, en nuestra debilidad el Espíritu acude a ayudarnos. No sabemos qué pedir, pero el Espíritu mismo intercede por nosotros con gemidos que no pueden expresarse con palabras. Y Dios, que examina los corazones, sabe cuál es la intención del Espíritu, porque el Espíritu intercede por los creyentes conforme a la voluntad de Dios.

Ahora bien, sabemos que Dios dispone todas las cosas para el bien de quienes lo aman, los que han sido llamados de acuerdo con su propósito.

Seis

Cansancio espiritual
"Dios está conmigo y a mi favor"

Vivir con otras personas a menudo hace que compartas con ellas un lenguaje propio, ¿no es cierto? Por ejemplo, mi amiga Kristen y yo siempre decimos "juntas o muertas" cuando nos referimos a nuestra amistad. No uso esa frase con nadie más, solo con ella. Mi amiga Kalle y yo solíamos decir: "Dame todas tus cartas", en referencia a jugárselo todo a una sola carta (o no). Era nuestra manera de decir "Yo me encargaré de todas tus cosas; puedes confiar en mí".

Mi hijo y yo inventamos un adjetivo para nuestra amistad: *respetante*. Un día, él estaba hablando sobre lo cercana que era nuestra relación, casi como si fuéramos mejores amigos, y yo le respondí: "Es verdad, pero realmente quiero que me respetes". Funciona bien entre nosotros.

Mi esposo, Nick, y yo usamos una frase muy significativa entre nosotros, y a continuación te cuento su origen. Cuando me casé a los veinte años, había un millón de libros para leer sobre cómo ser una esposa piadosa. Todos los libros sobre la "esposa piadosa" coincidían en un mensaje: los esposos necesitan reafirmación y afecto físico. La mayoría de estos libros se centran en nuestra responsabilidad como esposas, pero muy pocos destacan la importancia de recibir amor corporal, y mucho menos reconocen la necesidad femenina de este tipo de vínculo.

Entré al matrimonio con una serie de expectativas sobre mi obligación de demostrar afecto, sin darme cuenta de lo importante que sería nuestra relación física para mi vínculo con Nick. Estoy muy agradecida por la guía atenta de Jesús, de mi esposo, y de algunas sabias mujeres que me ayudaron a desaprender lo que había asimilado. Con el tiempo, comprendí que la demostración física del afecto es un regalo para ambos. Aprendí que el contacto es algo que puedo dar y recibir con alegría, no solo por obligación. Aprendí que la intimidad se despliega como una flor cuando dejas de exigir que sea de una manera determinada.

La excelente noticia para nuestra relación fue esta: Cuanto menos me obligaba a mostrar afecto, más deseaba hacerlo. Porque amo a mi esposo, no me canso de él. Así que, cuando dejé de esforzarme por ser la mejor esposa, cambié la obligación por la abundancia. Una vez que entendí que nuestra conexión física era importante para ambos, la disfrutamos mucho más.

Fue alrededor de ese momento cuando comenzamos a decir: "¡Esto es para mí!".

A veces, en cualquier momento del día, abrazaba a Nick para agradecerle algo que había hecho con amor, o simplemente porque quería que se sintiera visto y querido. Otras veces, lo abrazaba en cualquier momento del día porque anhelaba su afecto y consuelo. En cualquiera de estas situaciones, después del abrazo, Nick siempre me decía: "¡Gracias por ese abrazo!". Cuando me acercaba a él porque lo deseaba o necesitaba, yo decía: "¡Oh, esto es para mí!".

Quería que supiera (y trataba de recordármelo a mí misma) que no daba afecto por obligación. Quería que supiera (y trataba de recordármelo a mí misma) que expresar mi deseo y mi necesidad es hermoso y honra a Dios. Poco después, él comenzó también a decir: "¡Esto es para mí!" cuando venía a darme un abrazo o me tomaba la mano durante una película. No hay bendición más grande que la de demostrarnos afecto con total libertad, según nuestro deseo de amar y ser amados. Esto es pureza; lo vivimos como una de las maneras más puras en que podemos estar el uno con el otro.

Ninguno toma algo del otro, sino que ambos reconocemos que nuestro compromiso incluye la libertad de dar y recibir afecto. Podemos hacer ambas cosas: dar amor desinteresadamente y recibir el amor que necesitamos. Ese es el poder de la confianza, poder que también actúa en nuestra vida espiritual.

Seguirás experimentando cansancio espiritual si crees que cada acto, cada expresión de amor y servicio, consiste solo en lo que Dios quiere o necesita de ti. Eres su hija y Él te creó enamorado, te llamó enamorado, te redimió enamorado, y anhela seguir dándote amor. No solo está bien que necesites ese amor, sino que recibirlo voluntariamente glorifica a Dios.

Creo que muchas de nosotras estamos cansadas porque estamos atrapadas en una dinámica de decir "esto es para ti", una y otra vez. Querer darle honor y gloria a Dios es hermoso, pero creo que nuestro Padre también anhela que entremos en el reino de la gracia, recibamos lo que necesitamos, y digamos: "Esto era para mí".

Una de las cosas más humildes y devotas que podemos hacer como hijas de Dios es recibir lo que Él anhela darnos, y eso incluye el descanso espiritual.

Una definición alternativa de *agotamiento* es esta: hacer constantemente lo que crees que los demás quieren o necesitan de ti sin reconocer nunca tus propios deseos o necesidades. El agotamiento espiritual ocurre cuando hacemos esto con Dios, nuestro Padre.

Descanso espiritual

El cansancio espiritual crece cuando comenzamos a reemplazar el cuidado de Dios por nuestra obligación, la gracia de Dios por el esfuerzo para ganarnos el amor, y la abundancia de Dios por apenas sobrevivir cada día. En ese caso, necesitaremos formas prácticas de encarnar nuestra identidad como hijas que han sido adquiridas para su familia. Reconocer nuestro lugar en el reino es el antídoto para el agotamiento espiritual, porque sus hijas no tienen que trabajar para ganarse su lugar, o esforzarse para sentirse importantes, o trabajar para su descanso.

He escrito con anterioridad sobre cómo las mujeres ven o representan a Dios de manera diferente cuando lo adoran. He contado una historia sobre cómo solía imaginarme a Jesús y a mí, montados a caballo, entre los árboles del bosque, en busca de algún enemigo. Nuestras conversaciones no eran tranquilas ni reflexivas. Eran animadas y ruidosas. Él y yo parecíamos estar siempre en movimiento; avanzábamos, luchábamos y conquistábamos nuevos territorios.

Alrededor del momento en que comenzaron mis problemas con el sueño, el Espíritu Santo empezó a darme una nueva imagen de Jesús encarnado y yo pasando tiempo juntos. Pude verlo atando nuestros caballos a un árbol mientras yo encuentro un lugar para sentarme. Con una sonrisa en su rostro, Él me decía: "¿Por qué ibas tan rápido? ¿A dónde ibas?".

En este capítulo, quiero invitarte a sentarte con Jesús junto al árbol. Quizás sea el momento de desaprender esa tendencia al esfuerzo, y entregarnos a permanecer en su presencia. Por supuesto, las ideas que exploraremos mientras investigamos el descanso espiritual no serán tan tangibles como dormir más o decir no a nuevas obligaciones. Aun así, sé que sentiremos emerger la sanación y la esperanza en nuestra alma.

Mateo 11:28-30 dice:

Vengan a mí todos ustedes que están cansados y agobiados; yo les daré descanso. Carguen con mi yugo y aprendan de mí, pues yo soy apacible y humilde de corazón, y encontrarán descanso para sus almas. Porque mi yugo es suave y mi carga es liviana.

Cuando empecé a rezar para escribir este libro, meditaba emocionada con Dios sobre este pasaje. Aquí tienes algunos fragmentos que escribí en mi diario en días diferentes, en mi intento de procesar y orar a través de esas palabras de Jesús:

Si Tú eres real, necesito que esto sea verdad.

No escribiré este libro a menos que sepa que esto es verdad.

Tú dijiste estas palabras. Muéstrame qué significan.

No estaría aquí, y tú no estarías leyendo este capítulo, si no hubiera encontrado alguna verdad y liberación sobre las cuales pararse (o sentarse, si estás agotada), pero no quiero que tengas miedo de pedirle a Él que también a ti te las muestre.

Reconoce tu lugar y bendice el momento en que estás

Mientras buscamos "reconocer nuestro lugar" y encontrar algo de descanso espiritual, tratemos también de aclarar el sentimiento detrás de esa afirmación. Si alguien en la vida cotidiana te dice que necesitas reconocer o recordar tu lugar, probablemente esté tratando de limitarte o reprimirte. Hay un orgullo o una arrogancia inherente en la insistencia de que has sobrepasado los límites que te corresponden. Eso no es lo que quiero decir aquí.

Cuando digo que si estamos cansados necesitamos recordar nuestro lugar, estoy hablando de nuestra libertad, nuestra plenitud, nuestra abundancia y nuestra esencial identidad como hijas del único Dios verdadero.

Uno de los primeros versículos que memoricé cuando me convertí en creyente fue el del Salmo 18:19: "Me sacó a un amplio espacio; me libró porque se agradó de mí". En esa invitación de Dios a una vida expansiva, a una libertad amplia y a un espacio para correr, percibía algo así como lo que mi alma había estado anhelando toda mi vida. Antes de aceptar a Jesús a los quince años, caminar con Dios solía definirse como un gran sacrificio: renuncia a toda diversión en tu estrecho camino. Por eso fue una sorpresa y una bendición para mí descubrir que la libertad y la diversión realmente comenzaron cuando seguí a mi Salvador.

Cuando hablo de nuestro lugar, me refiero a que Mateo 5:14 nos llama la luz del mundo; Juan 1:12 confirma que somos hijos de Dios; 1 Pedro 2:9 nos recuerda que somos un sacerdocio regio; Juan 15:14-15 nos llama amigos de Jesús; Romanos 8:17 afirma que somos herederos de Dios; 2 Corintios 5:17 nos recuerda que somos una nueva creación y 1 Corintios 3:16 dice que somos templos del Espíritu Santo...

Mis amigas, podría seguir y seguir.

Reconocer nuestro lugar en el reino de Dios es hermoso, nunca humillante.

Mientras pensamos en los salmos y nuestro lugar, leamos un versículo más que nos va a llevar a combatir el cansancio de una manera sorprendente: "Bellos lugares me han tocado; ¡preciosa herencia me ha correspondido!" (Sal 16:6)

Este versículo puede aplicarse de manera específica al bendecir y agradecer a Dios por las cosas buenas en nuestras vidas, pero me encantaría presentarles una aplicación más general que nos ayuda a combatir el agotamiento.

Ya te he dicho que cada mujer que conozco está cansada, pero aquí hay un fenómeno menos conocido: casi todas las mujeres que conozco se sienten algo inseguras de donde están en la vida en comparación con donde pensaron que estarían. Cuando las mujeres reciben y creen el mensaje de que, por alguna razón, todavía no han realizado lo que debían, sienten una constante sensación de fatiga desplazada por su esfuerzo desmedido. Conozco chicas que habían planeado ya estar casadas en este momento, amigas que estaban seguras de que serían madres, y amigas que están desconcertadas por estar comenzando su segunda o tercera carrera en lugar de estar terminando la primera.

Algunas de mis amigas pensaban que tendrían más estabilidad o dinero a estas alturas. Conozco mujeres que realmente creyeron que seguirían caminando con un grupo de amigas o una comunidad en particular, y simplemente ya no lo hacen.

Tal vez sientas este fenómeno de manera evidente y aguda. Tal vez, una de esas frases te haya golpeado como un puñetazo en el estómago al darte cuenta de que has vivido bajo una mentira. O quizás la tensión haya invadido todo lo que haces, esa sensación subyacente de que no estás en el momento en el que se supone que debes estar.

Una manera eficiente en la que tú y yo podemos abrazar el descanso espiritual de inmediato es reconocer estas mentiras y estas expectativas poco realistas y desbaratar su poder sobre nuestra vida. Podemos reconocer nuestro lugar como mujeres de Dios, muy amadas, únicas, protegidas y empoderadas, con solo decir que este momento, aquí mismo, sea o no lo que anticipamos, es exactamente donde se supone que debemos estar. Los límites de mi heredad han caído en lugares agradables. Dios está aquí. Las cosas están creciendo. No me he desviado ni estoy retrasada, porque cualquiera de las medidas utilizadas para decirme lo contrario son creadas por el mundo, la cultura y el enemigo de mi alma.

Hagamos esto lo más práctico posible:

- Haz una lista de las mentiras o las expectativas culturales acerca de tu momento actual en las que hayas creído o con las que hayas estado de acuerdo.
- Pide perdón a Dios y recibe la reparación que viene del arrepentimiento.
- Bendice tu momento. Di en voz alta o escribe algunos de los beneficios de estar en el lugar, el espacio, la comunidad, la cultura, los roles y las relaciones en los que te encuentras.

Esto no es un optimismo tóxico. No te estoy pidiendo que finjas que todo está bien y es fácil. De hecho, en el resto de este capítulo, reconoceremos nuestro lugar al acceder a nuestras necesidades, nuestros duelos, nuestras heridas y nuestras debilidades. No es necesario decir que todo es maravilloso para saber que Dios no ha cometido un error al colocarte exactamente donde estás.

Reconoce tu lugar y pide sabiduría

Cuando exploremos nuestra vida en busca de las fuentes del cansancio, muchas de nosotras encontraremos horas y días perdidos en preocupaciones, preguntas y planes; días malgastados en estresarnos y esforzarnos. Cuando abordemos el cansancio mental, entraremos en los aspectos prácticos de lo que significa traer algo de descanso a nuestra vida mental, pero primero, necesitamos reconocer el componente espiritual, ya que somos seres espirituales.

Cuando asesoro a las mujeres sobre su vocación, me encanta recordarles esto: nuestra ventaja es que tenemos acceso al Espíritu Santo.

Santiago 1:5 nos dice que Dios nos dará sabiduría sin reproche si se la pedimos.

Proverbios 2:6 nos recuerda que el Señor da sabiduría, conocimiento y entendimiento.

Salmo 51:6 dice que Él nos hace conocer la sabiduría en lo íntimo y secreto.

Colosenses 1:9 afirma que podemos pedir en nuestras oraciones más sabiduría e inteligencia.

Daniel 2:22 declara que Dios nos revelará cosas profundas y ocultas.

Mi pasaje favorito es Isaías 30:21: "Ya sea que te desvíes a la derecha o a la izquierda, tus oídos percibirán a tus espaldas una voz que te dirá: 'Este es el camino; síguelo'".

Conocer nuestro lugar como hijas de Dios significa que podemos cambiar el cansancio espiritual que proviene del temor constante de no saber, por la confianza de pedir y creer que recibiremos.

También renacemos en una familia de otros creyentes, lo que significa que podemos pedir orientación y ayuda a personas en quienes confiamos. Podemos ser humildes y admitir que no tenemos toda la información o el conocimiento que necesitamos en un momento dado, mientras confiamos en que Dios nos dará lo que necesitamos.

Tengo esta teoría sobre la oración: hablamos más de ella de lo que realmente la practicamos. Por eso, aunque pedirle a Dios conocimiento pueda parecer muy espiritual y poco útil, me atrevo a desafiarnos a intentarlo realmente.

Rezarle a nuestro Padre y suplicarle sabiduría e inteligencia cuando estamos atrapadas en un círculo vicioso de miedo, frustración o confusión, es una poderosa manera de reclamar un poco de descanso para nuestra alma y encontrar el alivio que desesperadamente necesitamos.

Reconoce tu lugar y descansa en la batalla

Mi hija me convirtió en una luchadora. Estoy segura de que el espíritu de lucha siempre estuvo en mí, pero parecía haberlo perdido a los veinte y tantos años. Cuando mi hija nació, yo estaba en un momento de grandes decisiones. Había comenzado a renunciar a los sueños, la vocación, los deseos e, incluso, las pasiones que Dios me había dado anteriormente. Luego, di a luz a esta pequeña, toda ella una invitación a dar batalla. Gloriana Eloise es la más tenaz de las mujeres, y desde temprana edad me ha ayudado a recordar que puedo ponerme la armadura de Dios y vivir con plenitud.

Sin embargo, como suele suceder con las niñas que no temen dar pelea, a menudo batallaba contra mi esposo y contra mí en lugar de ir contra las injusticias del mundo. A veces nos desanimábamos, y a veces nos reíamos, pero a lo largo del camino, comenzamos a rezar para que ella sintiera el hermoso alivio de lo que Moisés les dice a los israelitas en Éxodo 14:14: "Ustedes quédense quietos, que el Señor presentará batalla por ustedes".

Repetir una y otra vez esa frase en nombre de mi hija me ayudó a preguntarme y a considerar qué me pasaría si me detenía y esperaba antes de enfrentar cada batalla aparentemente importante que se me presentaba.

Puede que no te identifiques como una guerrera, pero apuesto a que tu mente puede evocar algunas batallas que tienes por delante en este preciso momento: la salvación de las personas que amas, el estado del mundo, la cultura de la iglesia, encontrar a la persona con la que te casarás, el medio ambiente, la política, las falsedades esparcidas por esa mujer al azar en las redes sociales, el comportamiento de otras personas en tu vida, sin olvidar nada menos que tu salud o la salud de quienes amas. Damos todas estas batallas (y más), y no estoy proponiendo que dejemos todo lo que tenemos entre manos y enterremos nuestras cabezas en la arena. Por el contrario, estoy pidiendo que, con el Espíritu Santo como nuestra guía, admitamos nuestra situación y nos preguntemos: "¿Cómo podría pelear esta batalla por mi cuenta? ¿Estoy tratando de detener el mar con mis manos humanas? ¿Hay alguna posibilidad de ahorrar energía al confiar esta batalla a Dios, mientras actúo con piedad y obediencia en lugar de esconderme?".

Tal vez signifique más oración y menos conversaciones para procesarlo con otros.

Tal vez signifique esperar un momento para ver si el Espíritu Santo puede obrar un milagro antes de que vuelvas a accionar.

Tal vez signifique elegir un versículo o una promesa de Dios para recitar en los momentos en que tiendes a preocuparte.

Tal vez signifique aprender a alejarte de una pelea cuando te das cuenta de que es una batalla ajena y no propia.

Tú y yo seguiremos viviendo agotadas si creemos que cada batalla que tenemos por delante depende solo de nuestra energía, nuestra ejecución y nuestro compromiso. Orar, vigilar y esperar en Dios no es nuestro último recurso. Debe ser nuestra primera respuesta. Rezar no será todo lo que hagamos, pero puede ser lo primero que hagamos. Luego, cuando seamos llamadas a la acción, estaremos seguras de que luchamos donde y contra lo que nos corresponde, en el nombre de Jesús.

Reconoce tu lugar y arrepiéntete

Nada es más agotador que el orgullo, y nada es más común en nuestra cultura que pretender saberlo todo y defender nuestra creencia de que hemos hecho todo bien. Lo he dicho antes y lo diré de nuevo: aprendemos esto viendo programas de telerrealidad.

¿Qué tan a menudo las personas de los programas de telerrealidad declaran una y otra vez: "¡Lo siento si eso hirió tus sentimientos! ¡Mis intenciones eran buenas!"? Lo siento, Megan, pero vimos todo ese episodio, y tus intenciones no eran buenas. Esparciste chismes sobre Valerie para que Michael se enojara con ella, y lo conseguiste. Además, había cámaras filmándote, así que sería mejor que dijeras la verdad.

De acuerdo, ese es un ejemplo algo gracioso, pero es menos gracioso cuando lo hacemos, y lo hacemos a menudo.

Por el contrario, ¿con qué frecuencia escuchas a alguien reconocer sus verdaderas intenciones en un conflicto? Sea un error cometido en el trabajo, una pelea con un amigo o una discusión con un cónyuge, es muy raro escuchar que alguien diga: "Hice esto a propósito, sabiendo muy bien que te lastimaría o tendría algún costo para ti". Aunque algunas tensiones y situaciones dolorosas en las relaciones son accidentales e involuntarias, no todas lo son al cien por ciento.

Defenderte a ti misma es agotador.

Proteger tu imagen para que nadie piense alguna vez que cometes un error te llevará al agotamiento.

Enfurecerte porque te parece increíble que otros supongan que puedes hacer algo malo resultará en una fatiga significativa. Te pregunto: ¿es posible que parte de nuestro cansancio se deba a que estamos poniendo nuestra energía en cosas equivocadas? ¿Podría el arrepentimiento ser una práctica que nos permita soltar y aligerar nuestra carga?

Somos humanos. Necesitamos a Jesús. Cometemos errores y pecados. Retenemos el amor. Decimos cosas hirientes. A veces tratamos a los demás tan mal como a nosotros mismos. Decimos algo de un modo ligeramente indirecto, en un lenguaje codificado, para pretender que no fue nuestra intención herir a nadie, cuando en realidad sí lo fue. Perdemos los estribos, atacamos, nos escondemos y, a veces, mentimos.

Sin embargo, tenemos el evangelio.

Podemos ir a Dios y pedirle perdón, para luego ir a las personas que lastimamos y pedirles perdón. Cuando lo hacemos, sucede algo increíble: experimentamos una gracia tan convincente que no queremos cometer el mismo pecado otra vez. Somos transformados por la gracia; nos sentimos renovados cuando nos arrepentimos. Así es como cambiamos y crecemos de verdad.

> Por tanto, para que sean borrados sus pecados, arrepiéntanse y vuélvanse a Dios, a fin de que vengan tiempos de descanso de parte del Señor, enviándoles el Cristo que ya había sido preparado para ustedes, el cual es Jesús. (Hechos 3:19-20)

Es un proceso hermoso.

Lo que no es hermoso es que nuestros corazones se vuelvan amargos y fríos porque suponemos de manera errónea que ser hijas de Dios es actuar irreprochablemente todos los días de nuestra vida. ¿Amén?

Reconoce tu lugar y sé brutalmente honesta con Dios

Durante mi crisis de insomnio, cuando casi no dormía y andaba como una zombi casi a diario, me prohibieron ir a la iglesia un domingo.

Nick y yo habíamos salido la noche del sábado, y me preguntó si me sentía bien para ir a la iglesia al día siguiente. Estaba bastante adormecida, lo suficiente para hablar sin ningún filtro, y le dije: "¿Importa? Tengo que ir de todos modos".

Estoy muy agradecida de que esa frase lo sacudiera. Dijo: "Espera, detente. No tienes que ir. Alguien más puede hacerse cargo de tus responsabilidades. De hecho, no puedes ir. Así que quédate en casa, descansa si puedes y haz lo que quieras. Vas a tomarte el día libre".

Al principio discutí con él porque, como a la mayoría de las mujeres, no me gusta decepcionar a las personas. No acepté hasta que me amenazó con encerrarme si intentaba ir. Cuando todos se levantaron y se fueron, yo me quedé en pijama y deambulé un poco por la casa hasta que finalmente saqué mi diario.

Lo que siguió cambió mi vida, algo que no había anticipado en absoluto.

Comencé a escribir tan rápido como podía, diciéndole a Dios lo enojada que estaba con Él. Todos los problemas, las batallas que estaba librando, y cada área de mi vida me dejaban exhausta. Él podría haberlo solucionado todo con una sola palabra.

Estaba cansada de criar adolescentes que podrían ser obedientes y dóciles si Él hubiera querido que lo fueran.

Estaba guiando a mujeres que luchaban contra el sexismo, el racismo y algunas expresiones muy negativas de personas en las que confiaban. Él podría haber solucionado eso.

Sentía la fatiga en mis huesos debido a una enfermedad autoinmune que había estado debilitando mi cuerpo por quince años. Una mirada de Él podría curarla. Yo cuidaba mi cuerpo. ¿Dónde estaba Él?

¿Dónde estaba Él para mis amigas que padecían terribles traumas?

¿Por qué sentía vergüenza de estar tan cansada? Solo soy humana y Él es Dios. ¿No podría al menos haberme ayudado a dormir si iba a pedirme vivir esta vida tan difícil?

En el desacostumbrado silencio de estar sola en mi casa, lo solté todo, a los gritos. Tal vez, incluso, usé palabras nada elegantes.

¿Y sabes qué pasó? Cuando todo terminó y había desahogado mi pequeño corazón, solo sentí la compasión de Dios por mí.

Me di cuenta de cuánto me había esforzado en llevar el mundo sobre mis hombros cuando Él nunca me había pedido que lo hiciera.

Por cada onza de empatía de mi parte hacia los demás, Él más me sostenía; de alguna manera, lo percibí mientras gritaba y rezaba.

Intentar ser ordenada e impecable con Dios te dejará más cansada que ninguna otra cosa.

¿Puedo invitarte ahora a un momento de sincera oración con tu Padre?

Si tienes dudas de que el descanso espiritual funcione para ti, díselo ahora.

Si estás luchando contra el cansancio espiritual debido a las acciones o las palabras de alguien en quien confiaste, cuéntaselo a Dios.

Si te preguntas por qué Él permitiría que estés tan agobiada y sobrecargada, exprésalo.

Si estás cansada y agobiada y no puedes ver dónde está Él, díselo.

Si estás entre la espada y la pared, desesperada por saber cuál es su yugo, este es el momento para decírselo.

Ser brutalmente honesta con Dios y con nosotras mismas es el principio de la lucha contra el agotamiento. Si lo que queremos es un descanso verdadero, entonces necesitamos ser sinceras con Dios primero. Este es el primer paso para dejar de vivir en un ciclo de cansancio que te impide alcanzar la abundancia, la libertad y la paz que Jesús consiguió para ti.

Nuestro Padre está contigo y a tu favor. Te creó con cuidado, amor, propósito, y una visión extraordinaria. Nuestro salvador y amigo, Jesús, consiguió tu libertad y tu abundancia en la cruz, y con su resurrección trajo tu redención y tu resurrección. El Espíritu que lo resucitó de la tumba descansa sobre nosotras, y trabaja dentro de nosotras para ayudarnos a ver venir el reino de Dios en nuestro tiempo.

No estamos solas. No estamos en la cuerda floja ni necesitamos defendernos a nosotras mismas. Dios está con nosotras y a nuestro favor. Esta es una noticia que cambia nuestra vida.

Consejos para el ahorro de energía espiritual

- Repiensa o reestructura tu tiempo con Dios: si actualmente te parece una obligación, cámbialo. Si es un tiempo de estudio intenso, prueba leer algo más ligero. Si siempre te sientes culpable por no rezar más tiempo, intenta escuchar música sacra en su lugar. Sal a caminar con Dios. Prueba escribir en tu diario, o tómate un descanso de hacerlo.
- Comienza a practicar la gratitud para combatir el esfuerzo y la ansiedad sobre tu momento actual.
- Practica decir que estás arrepentida y no permitas que la culpa robe tu humildad.
- Confiésate con otros para luchar contra la vergüenza.

Lo que dicen las mujeres

El cansancio espiritual hizo que no tuviera fuerzas ni siquiera para abrir la Biblia en mis momentos de estudio, pese a que deseaba hacerlo. Sin embargo, mental y físicamente, no podía. Me ayudó darme cuenta de que Dios no necesitaba nada de mí para estar conmigo, y aunque leer las Escrituras es vitalmente importante, me sentí liberada por el simple hecho de salir a caminar con Dios. Ni siquiera necesitaba rezarle, tan solo pedirle que estuviera conmigo en mi espíritu. En este período, también solía escuchar la lectura de las Escrituras en *YouVersion* mientras estaba recostada, confiando en que su Palabra pasaría por mí y no volvería vacía, aun cuando en algunos momentos ni siquiera me sentía con suficientes ganas. Él apareció siempre que yo no podía sostenerme espiritualmente.

Rachel, de 31 años, autora y gestora de redes sociales/
redactora publicitaria, madre de dos hijos
y esposa de pastor

Siete

Cansancio físico
"No puedo rendirme"

Les hago una sincera confesión que me llena de humildad: si no fuera a trabajar mañana, el mundo no se vendría abajo. Mañana, en mi oficina, tenemos tres reuniones: una sobre un futuro programa de *coaching*; otra sobre la incorporación de un nuevo empleado; y la tercera para planificar el contenido de las redes sociales de las próximas dos semanas. En una emergencia, podrían llevar adelante las tres reuniones sin mí y la empresa no se desmoronaría.

Es un poco difícil de imaginar debido a que la ausencia por enfermedad no es una opción para las madres o los dueños de pequeños negocios. Cuando tuve COVID, seguí lavando los platos (todos en la casa lo teníamos, así que no hice cuarentena en mi habitación), y hasta grabé un video para las redes sociales y un sermón para nuestra iglesia (ambos desde casa). Lo que quiero decir es que, si me tomara un día por enfermedad mañana, no pasaría nada.

Si les dijera a mis hijos que no puedo salir de mi habitación, y no ordenara, limpiara, hiciera las compras o lavara la ropa por un día, la casa no se caería a pedazos. Ellos estarían bien.

Si no respondiera los mensajes de texto de amigos de la iglesia, los correos electrónicos de mi editorial, o no me reuniera con mi contador para asegurar que los pagos se hicieran, todos estarían bien por uno o dos días. No sobrevaloro mi importancia en el mundo; no soy el engranaje que mantiene la máquina funcionando. Puedo desaparecer y las cosas no se harán añicos.

Y supongo que lo mismo es cierto para ti. Todo marcharía bien por uno o dos días.

Ahora bien, supongamos que no apareciera por una semana más. ¿La gente estaría decepcionada de mí? Sí. ¿Tal vez no recibirían sus sueldos? Creo que sí. ¿Habría consecuencias severas para mí y para los demás? Las habría. Para ser honesta, estos pensamientos solían alimentar mi temor al descanso.

Me gusta ponerle nombre a las cosas. Las palabras me ayudan a definir lo que siento y experimento. Hace unos años, comencé a usar la expresión "estar en la cuerda floja" para describir esa ansiedad, esa angustia agobiante de creer que todos me necesitan. Siento que camino sobre una cuerda frágil y, si bostezo, duermo una siesta o hago una pausa, se cortará, y el peso de mi caída me lastimará a mí y a los demás.

Tal vez tú también te sientas en la cuerda floja. No puedes dejar de estar presente. No puedes dejar de servir, de ir al trabajo o de cuidar a tus hijos. No puedes ignorar a tus padres ancianos o a tu hijo con necesidades especiales. No puedes dejar de estudiar solo porque estás cansada, y no puedes olvidarte de todos tus amigos sin herir algunos sentimientos o romper una relación.

Nuestra presencia física es esencial. Sin embargo, ¿cómo equilibramos eso con nuestra genuina necesidad de descanso físico y de renovación? ¿Qué hacemos cuando presentarnos y hacer lo mínimo indispensable nos provoca un cansancio que apenas podemos describir? ¿Cómo salimos de la cuerda floja, nos tomamos un respiro y descansamos?

Tu cuerpo vive en el reino

En mi libro *Breaking Free from Body Shame* [Liberarse de la vergüenza corporal], hablo sobre tener una mentalidad alineada con los principios y valores del reino. Así que, con total honestidad, te digo: la mayoría de los días, hablo (o al menos pienso) sobre lo que significa tener esa mentalidad. Siento que buena parte de caminar con Dios consiste en reconocer lo siguiente: "El mundo me dice _____, pero el reino de Dios predica_____".

Probablemente todos hacemos este trabajo que Timothy Keller llama "contra-catequesis".[1] Cuando participamos en la catequesis, enseñamos o aprendemos los principios de la fe cristiana, casi siempre a través de preguntas y respuestas. Por ejemplo, la primera pregunta del Catecismo de Westminster, que se usa para la formación y el discipulado en muchas tradiciones diferentes, es: "¿Cuál es el principal fin del hombre?". Respuesta: "Glorificar a Dios y disfrutar de Él para siempre".

Esto es lo que dice Tim Keller sobre la contra-catequesis: "Necesitamos catequesis y contra-catequesis, usando la doctrina bíblica tanto para deconstruir las creencias de nuestra cultura como para contestar las preguntas del corazón humano que las narrativas culturales no pueden responder".[2]

En mi versión abreviada, diría que necesitamos una mentalidad alineada con el reino. Sin embargo, también estoy totalmente de acuerdo con que necesitamos escuchar lo que el mundo nos dice y entender por qué no es verdad.

Hablamos en el capítulo anterior sobre el impacto de la verdad del cielo en nuestra experiencia en la tierra, y esta verdad resulta fundamental en lo que respecta a nuestro cuerpo físico y a nuestro cansancio.

Si no crees en la eternidad, si esta vida, que dura entre setenta y ochenta años según las estadísticas, es todo lo que tenemos, tendría sentido querer aprovechar cada segundo al máximo. Si no crees en la eternidad, tiene sentido vivir sin pausa, sobrepasar incluso los límites físicos, para usar al máximo nuestro tiempo en la tierra. Si no crees en la gracia o en el evangelio, pero sí en una vida después de la muerte que puedes ganar con tu bondad, tendría sentido consumirse trabajando para alcanzar algo mejor. O si eres pesimista y no crees en la eternidad, podrías conjeturar que no hay ninguna consecuencia, así que ¿por qué no agotarlo todo, incluyendo tu cuerpo, mientras estás aquí?

Sin embargo, tú y yo nos aferramos a algo más grande que nosotras mismas y nuestro entendimiento. Nos hicimos parte de una familia por la sangre del Rey, y nuestras vidas recibieron significado, vocación y propósito. Nuestros cuerpos son parte de nuestro ser, así que no solo nuestra alma existe en el reino; nuestros cuerpos también pueden alinearse con la verdad del reino. Con esto quiero decir que las mismas verdades sobre Dios, su bondad, su cercanía y su gracia a las que adherimos en nuestra alma pueden aplicarse a nuestro cuerpo.

Amamos a Dios en estos cuerpos. Servimos a Dios en estos cuerpos. Adoramos a Dios en estos cuerpos. Nuestros cuerpos son, en esencia, nuestra base de operaciones hasta que alcancemos la eternidad. En estos cuerpos, amamos a las personas, recibimos al Espíritu Santo y acordamos con la voluntad de Dios.

Uso con bastante frecuencia el verbo "acuerdo" cuando se trata de los principios del reino, y para mí, básicamente, significa esto: reconocer que el camino de Dios es bueno para mí y organizar mi vida de manera que demuestre esa creencia. Es cumplir con ser una persona que no solo escucha la Palabra de Dios, sino también la pone en práctica (Santiago 1:22).

Ya hemos establecido que vivimos en el ahora y todavía no. Se nos ha puesto en el descanso, se nos ha dado espacio para practicar el descanso de Dios en la tierra, pero en última instancia, nos dirigimos a un lugar mucho mejor: un descanso eterno y perfecto con nuestro Padre.

Si aplicamos esta buena noticia (que nos dirigimos hacia el descanso definitivo) a nuestro cuerpo, respiramos profundamente y vemos las consecuencias físicas de nuestra realidad espiritual, encontraremos algunas verdades reconfortantes y convincentes. No querremos seguir cansadas, y tendremos acceso a la sabiduría para descansar de este ciclo.

La gracia de Dios nos impedirá usar nuestro cuerpo al límite para servir y ganarnos nuestro lugar en el reino.

La compasión de Dios nos impedirá disociarnos de nuestro cuerpo y pretender que no necesitamos cuidarlo.

La cercanía de Dios nos ayudará a estar en paz y ser pacientes de una manera que hace del descanso algo no solo práctico y accesible, sino también revitalizante y transformador.

Nuestra realidad espiritual cambiará la forma en que experimentamos a Dios en lo físico si nos dejamos transformar al renovar nuestra mentalidad.

Nuestro cuerpo vive en el reino, pero el ritmo predeterminado de este mundo nos está matando. Si no contrarrestamos o desmantelamos la velocidad vertiginosa con la que vivimos en la tierra, caeremos de lleno en el agotamiento y allí nos quedaremos por el resto de nuestra vida. Si seguimos creyendo la mentira de que no podemos parar, ni siquiera por un momento, ese ritmo enloquecedor prevalecerá. Un cierto nivel de agotamiento es normal aquí en la tierra, pero no tenemos que seguir consintiendo la tendencia al esfuerzo y la velocidad que existen.

Nuestro cuerpo vive en el reino. Averigüemos ahora cómo es el ritmo del reino para cada una de nosotras.

No tienes que consentir

No soy muy buena para responder mensajes de texto. Solía disculparme con la excusa "¡No eres tú, soy yo!". Amo a mis amigos, familiares y conocidos, pero no puedo mantenerme al día con los mensajes de texto. Ahora, con el paso del tiempo me cuido más de culparme a mí misma. Aclaro que me encantan los mensajes de texto: un lindo emoji o *GIF*, una descripción detallada cuando un amigo me pregunta sobre una reunión o un momento en particular. Me encanta enviar mensajes de texto a mis hijos adolescentes cuando estoy en un viaje de trabajo. Me encanta la facilidad con que nos mantienen conectados. ¡Me encantan las palabras!

La verdad es que podría enviar mensajes de texto cuarenta horas a la semana y aun así sentir que no he alcanzado a ponerme al día, porque cuando empiezas a responder mensajes y a participar de los intercambios, el flujo es incesante. Son como bumeranes hechos de palabras que van y vienen sin darte tiempo a recuperar el aliento.

Hago lo que puedo, pero no me siento obligada a responder de inmediato durante todo el día. Así que prepárate para una breve diatriba que suelo hacer cada vez que alguien me acusa de no responder mensajes de texto.

¿Cuándo decidimos estar disponibles veinticuatro horas al día para cualquiera que tenga algo que decirnos? ¿Cuándo consentimos a eso? ¿Cuándo acordamos estar más "conectados" electrónicamente y menos conectados con nuestra alma? ¿Fue cuando obtuve mi primer celular? ¿O cuando el *iPhone* volvió mucho más fácil enviar mensajes de texto? ¿Doy mi consentimiento mes a mes cuando pago mi factura?

Ya que me estoy quejando, me gustaría agregar que cuando pago por algo, espero que me ayude, no que me perjudique. Si estoy pagando una tarifa mensual que me obliga a estar siempre disponible, preferiría no pagarla. Gracias. De todas formas, la pagaré porque es lo correcto y, otra vez, porque me gusta enviar mensajes de texto a mis hijos, pero no dudes que me quejaré al respecto cuando sea el momento.

Por eso, lo que hago ahora (cuando no estoy quejándome) es encontrar momentos apropiados para alertar a las personas sobre mis límites con la tecnología. Les aclaro que ellos pueden proceder como les parezca adecuado, pero es posible que yo no responda de inmediato si el asunto no es urgente. No se trata de ser maleducada o poco amables sino de seguir un ritmo que sea tolerable para mí.

Espero que esto se vuelva una norma. Siempre les recuerdo a mis amigos que no tienen que disculparse por no responderme de inmediato.

Yo soy solo una persona de muchas, pero ¿y si todos cambiáramos? ¿Qué pasaría si grupos enteros de personas, comunidades y familias decidieran que ya no quieren someterse a un ritmo que es insostenible?

¿Qué pasaría si dijéramos "no, gracias", y se volviera normal saber lo que nuestra alma necesita, incluso si eso va en contra de las pautas culturales? ¿Qué pasaría si dejáramos de disculparnos y de pretender que es nuestro problema no poder mantener un ritmo que nunca estuvimos destinados a soportar? ¿Y si nos preguntáramos con honestidad quién está promoviendo este ritmo que todos aceptamos sin cuestionar?

Lo que quiero decir es que, a pesar de sentirnos sin opciones frente a algunas presiones, sí las tenemos. Tal vez vayan en contra de lo que es normal o esperable, o tal vez frunzan algunos ceños, pero Dios siempre abre un camino que nos conduce a la paz si elegimos seguirlo.

Quizás para ti no sean los mensajes de texto, pero puedes ejercer tu autoridad y autonomía para establecer los límites concretos que necesitas.

Tienes la libertad de decir no a invitaciones que te causarían cansancio si las aceptaras. Puedes dejar los platos en el fregadero y la ropa en la cesta si eso significa tomar una siesta breve para recuperarte después de una noche de insomnio. Puedes pedir ayuda en lugar de insistir en hacerlo todo tú misma para parecer fuerte e independiente. Puedes presentarte a la fiesta sin llevar nada si la anfitriona te ha dicho que ella se encargará de todo. Puedes pedir una extensión o posponer algo si el agotamiento se ha apoderado de ti.

Es probable que tú y yo no podamos dejarlo todo ni abandonar todos nuestros roles, pero sí podemos establecer límites y trazar fronteras. Se nos ha dado la capacidad y la autoridad para hacerlo en nuestra propia vida.

Ve lo suficientemente despacio para ser amado por Dios

Si nos estamos preguntando de qué bendita manera encontraremos el ritmo del reino, empecemos por la mejor parte: ser amados por Dios.

Hace unos años, cuando estaba en un período de gran cansancio, decidí estudiar el Salmo 23. Me parecía muy relajante, y sentía curiosidad por comprobar si las palabras me ayudarían a sentirme más descansada y en paz.

> El Señor es mi pastor, nada me falta;
>   en verdes pastos me hace descansar.
> Junto a tranquilas aguas me conduce;
>   me infunde nuevas fuerzas.
> Me guía por sendas de justicia
>   haciendo honor a su nombre.
> Aun si voy
>   por valles tenebrosos,
>   no temeré ningún mal
>   porque tú estás a mi lado;
>   tu vara y tu bastón me reconfortan.
> Dispones ante mí un banquete
>   en presencia de mis enemigos.
> Has ungido con aceite mi cabeza;
>   has llenado mi copa a rebosar.
> Seguro estoy de que la bondad y el amor
>   me seguirán todos los días de mi vida;

> y en la casa del Señor
> habitaré para siempre.

Lo primero que percibo al leer estas palabras de David es la amabilidad, la compasión y la intimidad con las que describe a Dios Padre. Lo segundo que noto, con total honestidad, es la vergüenza que siento por no disfrutar casi nunca de praderas verdes o de estar sentada junto a aguas tranquilas. En parte, esto se debe a que soy una persona que prefiere estar *bajo techo*. Me encantan los centros comerciales, y me gusta la naturaleza, pero creo que me gusta más cuando la miro a través de una ventana, desde un sofá cómodo, con el aire acondicionado a la perfecta temperatura de 21° C.

Me veo a mí misma como una persona demasiado ocupada que nunca puede sentarse y estar tranquila con Dios. ¿Y si cambiamos esta perspectiva y consideramos otro problema que sigue perpetuándose en nuestra vida?

¿Qué tal si la verdadera pregunta no es por qué no podemos desacelerar lo suficiente para amar bien a Dios, sino si estamos yendo lo suficientemente despacio como para dejarnos amar por Dios?

Una pregunta nos lleva a esforzarnos más y sentir vergüenza, mientras que la otra nos hace sentir amados por el Dios que creó el universo. Ese tipo de amor nos impulsa a estar *más* en su presencia, lo que en esta situación significaría desacelerar y descansar para recibir *más* de su amor.

Lo siento, me encantan las preguntas. Estas son las últimas, lo prometo: ¿no será nuestro deseo de ganarnos el amor de Dios la motivación central de nuestro ritmo acelerado y frenético? ¿Y si adoptar un ritmo más lento fuera una forma desafiante de estar de acuerdo con la buena nueva del evangelio?

Antes de reorganizar tu lista de tareas y tu tiempo, antes de reprogramar tus rutinas o decidirte a abandonar algo, consideremos las preguntas que subyacen a cualquier problema.

¿Cómo sería para ti ir lo suficientemente despacio como para ser amada por Dios?

¿Qué implicaría para ti ir lo suficientemente despacio como para ser consolada por Dios?

¿Cómo sería permitirte expresar tus quejas y decirle al mundo: "No soy yo, eres tú. No puedo seguir diciendo que sí, haciendo más y más y moviéndome cada vez más rápido. Necesito que mi Padre me guíe hacia aguas tranquilas. Necesito que mi alma sea restaurada"?

Imagina que te despiertas por la mañana y, a medida que la lista de tareas se impone a tu paso y empiezas a avergonzarte por no haberlo hecho todo ayer, apartas esos pensamientos para pasar un rato leyendo y rezando. No lo haces porque Dios lo necesite o porque estés tratando de ganar algo, sino porque prefieres empezar tu día sabiendo que eres amada en lugar de asegurarte de que has terminado tu infinita lista de tareas.

Cuando se te presenta una oportunidad para servir, te tomas el tiempo para preguntarle a Dios si Él te está invitando o si es para otra persona. No tienes que demostrarle a Él ni a nadie tu virtud.

Decides no lavar los platos antes de acostarte porque tu mérito no está vinculado a la limpieza del fregadero. Solías creer la mentira de que debías tener todo hecho para descansar, y ahora sabes que puedes atreverte a aceptar la invitación de Dios, incluso cuando no todo esté terminado.

Tal vez comienzas a incluir tu horario de oficina en tu firma de correo electrónico para dejar en claro cuándo responderás y cuándo no. Ya no crees en la mentira de que debes estar siempre disponible para ser una buena líder o amiga. En cambio, sabes que dejar que la bondad de Dios llene tu vida y sentirte bien amada por Él te prepara para ser quien Él quiere que seas cuando lideras, sirves y amas a los demás.

Permitirnos ser amadas por Dios tendrá un efecto dominó en nuestra vida, y nos conducirá hacia el anhelo constante por su amor y su consuelo. En el próximo capítulo, hablaremos sobre algunas prácticas para desacelerar nuestro ritmo, pero nunca podremos cumplirlas si no lo deseamos.

Nada nos hará desear un ritmo alineado con el reino más que el efecto de permitirnos ser amadas por Dios.

Necesitamos ir lo suficientemente despacio para ser amadas por Dios, no para agradarle o hacer que Él nos ame. Ese barco ya zarpó con nuestro Salvador al timón. Somos amadas. Somos aceptadas. "Ahora, pues, ninguna condenación hay para los que están en Cristo Jesús, los que no andan según la carne, sino conforme al Espíritu". (Rom 8:1 RVR60)

Ve lo suficientemente despacio para escuchar y ver a Dios

Mucho de lo que implica ser dueño y líder de un negocio me resulta desconocido. Para guiar a mi equipo en Vayan y Cuenten Mujeres [*Go + Tell Gals*], tengo que buscar en Google y preguntarle a alguien que sepa cómo liderar negocios y que esté dispuesto a compartir sus ideas. Sin embargo, un aspecto del liderazgo que me resultó instintivo fue establecer una cultura de equipo.

Nuestra cultura de equipo es una simple guía escrita que describe cómo trabajamos. Nos recuerda quiénes somos y quiénes queremos ser.

Desde el principio, hicimos un acuerdo que quiero invitarte a compartir: vamos despacio para ver y escuchar a Dios.

Como líder de nuestro negocio, sé que tenemos una ventaja como mujeres del reino porque no hay emprendimiento en el que trabajemos solas. Podemos rezar y pedirle a Dios discernimiento. Podemos inspirarnos en el asombro que produce una vida devota. Podemos observar cómo Dios se mueve en la vida de otras mujeres y dirigir nuestros esfuerzos a servirlas. Podemos sentirnos impulsadas por la gracia, el poder y la presencia de Jesús y superar situaciones desafiantes.

Sin embargo, no podemos hacer nada de esto si no vamos lo suficientemente despacio como para observar y escuchar. Escribí este principio de nuestra cultura de equipo conociendo mi tendencia a adoptar un ritmo delator de que olvido que vivo en el reino. Aunque el Espíritu Santo vive dentro de mí, si voy demasiado rápido y el mundo es demasiado ruidoso, mi voz ahogará el susurro de las promesas del reino.

En mi vida personal, ir despacio para ver y escuchar a Dios consiste en lo siguiente:

- Me hago tiempo para agradecer.
- Me tomo el tiempo necesario antes de decidir algo.
- Tengo tiempo por la noche y por la mañana para reflexionar sobre el día pasado o el siguiente.
- No estoy tan ocupada los fines de semana como para sentirme distraída y somnolienta las mañanas del domingo en la iglesia.
- Mi agenda tiene suficiente espacio para servir a los demás de improviso.

Necesitamos un ritmo que nos ayude a ver lo que Dios está haciendo y escuchar lo que nos está diciendo.

Jesús habla a sus discípulos sobre esto en Mateo 13:9-16:

"El que tenga oídos, que oiga".
 Los discípulos se acercaron y le preguntaron:
 —¿Por qué hablas a la gente en parábolas?
 Él respondió:
 —A ustedes se les ha concedido conocer los misterios del reino de los cielos; pero a ellos no. Al que tiene se le dará más y tendrá en abundancia. Al que no tiene hasta lo que tiene se le quitará. Por eso les hablo a ellos en parábolas: "Aunque miren, no vean; aunque oigan, no escuchen ni entiendan". En ellos se cumple la profecía de Isaías: "Por

mucho que oigan, no entenderán; por mucho que vean, no comprenderán. Porque el corazón de este pueblo se ha vuelto insensible; se les han tapado los oídos y se les han cerrado los ojos. De lo contrario, verían con los ojos, oirían con los oídos, entenderían con el corazón, se arrepentirían y yo los sanaría". Pero dichosos los ojos de ustedes porque ven y sus oídos porque oyen.

No puedo imaginar nada más devastador que llegar al final de mi vida y darme cuenta de que estuve demasiado ocupada para ver y oír lo que estaba sucediendo en el reino. No puedo imaginar el remordimiento que sentiría al encontrarme con Jesús en la eternidad y percatarme de que Él había estado hablando y mostrándome tantas cosas en la tierra, pero el ritmo de mi vida las había opacado.

El ritmo de nuestra cultura nos dice que bajemos la cabeza y sigamos adelante. El ritmo del reino dice: "¡Mira hacia arriba y escucha! Tómate un respiro y oye lo que el Rey del cielo tiene que decir".

Ve lo suficientemente despacio para amar a los demás

Hace algunos años, el Espíritu Santo me atormentó con una frase que no podía sacarme de la cabeza: hay una diferencia entre amar a las personas y pretender que las amas. En ese momento, había construido una vida que parecía llena de amor. Sin embargo, la verdad es que estaba demasiado ocupada para atender mis propias emociones o mi deseo de amar. En lugar de eso, solo fingía amar a las personas con mi cuerpo mientras me sentía amargada y desconectada en mi corazón.

No cabe duda de que un ritmo del reino, una vida del reino, nos llamará a sacrificarnos y a servir a los demás. Considera estos versículos:

Y este es mi mandamiento: que se amen los unos a los otros como yo los he amado. Nadie tiene amor más grande que el que da la vida por sus amigos. (Juan 15:12-13)

Ayúdense unos a otros a llevar sus cargas y así cumplirán la ley de Cristo. (Gálatas 6:2)

No hagan nada por egoísmo o vanidad; más bien, con humildad consideren a los demás como superiores a ustedes mismos. Cada uno debe velar no solo por sus propios intereses, sino también por los intereses de los demás. (Filipenses 2:3-4)

No creo que ninguna de ustedes esté pidiendo permiso para implementar una versión tóxica del autocuidado que promueva una vida en la que solo cuiden y atiendan sus propias necesidades. Ustedes son mujeres que quieren amar bien. Viven una vida dedicada a considerar y servir a los demás. ¿Puede ser que tu ritmo te esté impidiendo amar con sinceridad? ¿Es posible que tu ritmo te esté causando un nivel de agotamiento físico que te deja al borde del colapso?

Mientras observamos el camino de Jesús, el ritmo de Jesús, y perseguimos su promesa de una existencia que no es agotadora ni agobiante, veamos su vida. Si les preguntara qué hizo Jesús en sus tres años de ministerio terrenal, me pregunto si algo de esto aparecería en las listas de todas:

Sanó a muchos.
Escuchó a las personas.
Enseñó sin cesar.
Rezó.
Comió con otros.
Asistió a celebraciones.
Interactuó con líderes religiosos y políticos.

Ahora, pensemos en una lista de las cosas que Jesús no hizo. A continuación, encontraremos algunos de los pasajes que ilustran ese ritmo del reino que nos ayudará a amar bien a las personas:

> Enseguida Jesús hizo que los discípulos subieran a la barca y se adelantaran al otro lado, mientras él despedía a la multitud. Después de despedir a la gente, subió a la montaña para orar a solas. (Mateo 14:22-23)

> Muy de madrugada, cuando todavía estaba oscuro, Jesús se levantó, salió de la casa y se fue a un lugar solitario, donde se puso a orar. (Marcos 1:35)

> [Los escribas y los fariseos] se enfurecieron y comenzaron a discutir qué podrían hacer contra Jesús.

> Por aquel tiempo se fue Jesús a la montaña a orar y pasó toda la noche en oración a Dios. (Lucas 6:11-12)

> Algún tiempo después, Jesús se fue a la otra orilla del lago de Galilea o de Tiberíades. Y mucha gente lo seguía porque veían las señales que hacía en los enfermos. Entonces subió Jesús a una colina y se sentó con sus discípulos. (Juan 6:1-3)

El ritmo de Jesús implica retirarse cuando es necesario, descansar y vivir dentro de las limitaciones físicas de un cuerpo terrenal, y en ocasiones decirles no a las personas necesitadas y priorizar la intimidad con Dios y con los demás. ¿Significa eso que Él no los amaba? Por supuesto que no. Por eso, solo podemos concluir que, al honrar sus límites y descansar físicamente, Jesús pudo amar bien a las personas.

En última instancia, para que tú y yo vivamos una vida de amor y sacrificio, tenemos que ir lo suficientemente despacio para amarnos bien a nosotros mismos y a Dios, de modo que también podamos amar a los demás a largo plazo.

No podemos simplemente renunciar, pero...

Tú y yo no podemos simplemente renunciar a todas las responsabilidades o roles a los que estamos llamados. Por suerte, romper el ciclo de fatiga y agotamiento no significa que tengamos que abandonarlo todo. Sin embargo, seguir a Jesús mientras nos muestra un camino de libertad y sin cargas significará adoptar un ritmo alineado con el reino en nuestras vidas. Ese ritmo será diferente para cada una de nosotras, de acuerdo con nuestro cuerpo, nuestra situación, nuestras necesidades y nuestros roles.

Si estamos cansadas de estar cansadas, un cambio en nuestro ritmo probablemente sea el lugar más importante para empezar.

Si la única esperanza para liberarnos del agotamiento fuera vaciar nuestras vidas, me imagino que todas nos sentiríamos bastante desesperanzadas. Al mismo tiempo, si continuamente aceptamos la respuesta derrotista que nos dice que siempre será así, nada cambiará y nuestro agotamiento solo empeorará.

¿Puedo contarte un secreto?

Cada libro que escribo encierra una secreta esperanza, sin importar el tema. Espero y pido a Dios que, después de leer mis libros, las mujeres se sientan más capaces de escuchar a Dios que cuando empezaron a leer. Lo mismo espero de este libro.

Desearía poder sentarme contigo y registrar en una pizarra cada una de tus responsabilidades para ayudarte a discernir cuáles necesitas mantener y cuáles descartar. La gran noticia es esta: sé que nuestro Padre es un mejor comunicador que yo, y sé que Él quiere ayudarte a ordenar tu vida para descubrir qué puedes dejar de lado y qué necesitas cambiar para descansar más.

No puedes renunciar a todo, pero impulsada por el amor de Dios, puedes cambiar tu ritmo. Puedes encontrar ritmos sostenibles que te ayuden a combatir la fatiga que es imposible de eludir mientras vivas bajo los efectos de este mundo caído. Puedes cambiar la forma en que tomas decisiones, en que vives y lideras, y en que descansas.

Vamos a ir lo suficientemente despacio como para recordar que vivimos en el reino.

Vamos a ir lo suficientemente despacio como para ver y escuchar a Dios.

Vamos a ir lo suficientemente despacio como para amar a los demás.

Y lo más importante, vamos a desacelerarnos para que podamos recibir el amor que nuestro Padre está tratando de darnos.

Preguntas para la reflexión

1. ¿Cómo te sientes con tu ritmo actual? ¿Es sostenible, te vivifica o te agota?
2. ¿Cuáles son los factores principales que influyen en tu ritmo de vida actual?
3. ¿Cuáles son las principales barreras que te impiden cambiar tu ritmo?
4. ¿Cómo sería invitar a Dios a hablar sobre tu ritmo?

Síntomas del cansancio físico en nuestra vida

- Bostezos, dolores de cabeza, mareos, dolores musculares
- Decir que sí porque nadie más lo hará

- Llegar siempre temprano o quedarse hasta más tarde por obligación
- Sabotear el sueño: quedarse despierto más tarde de lo recomendable para tener tiempo para uno mismo
- Mal humor o irritabilidad
- Sentir que no puedes estar completamente presente

Versículos para meditar

Proverbios 3:24

Al acostarte, no tendrás temor alguno;
te acostarás y dormirás tranquilo.

Éxodo 33:14

—Yo mismo iré contigo y te daré descanso —respondió el Señor.

Salmo 127:2

De nada sirve que ustedes madruguen,
y que se acuesten muy tarde,
si el pan que comen es pan de sufrimiento,
y el Señor da el sueño a los que él ama.

Ocho

Cansancio físico
"Mis limitaciones no son una desventaja"

—¿Por qué sigues repitiendo esa palabra? ¿Qué quieres decir cuando la usas?

Estaba cenando con una mentora, una mujer que también escribe libros y tiene un alto puesto en un sector del gobierno. Mi esposo y Anna, la cofundadora de Vayan y Cuenten Mujeres [*Go + Tell Gals*], estaban sentados a la mesa con nosotras. Sin embargo, la pregunta iba dirigida a mí.

La palabra que seguía repitiendo era *autonomía*.

Para ser sincera, la había estado repitiendo por meses. Se me escapaba cuando me sentía vulnerable, pero tampoco estaba muy segura de lo que quería decir con ella. Solo sabía que no sentía que la ejerciera. Había un vacío en mi vida que anhelaba autonomía.

Soy el tipo de persona que piensa en historias, así que cuando esta mentora me preguntó qué quería decir con autonomía, solo me venían a la mente historias que me hacían entender que no la tenía. En ese momento, en mi cabeza, autonomía significaba tener una percepción saludable de los propios límites, saber dónde terminaba yo y dónde comenzaban los demás. Sin embargo, una vez más, podía describir mucho mejor los momentos desgarradores en los que sentía su ausencia que las áreas de mi vida en las que estaba presente.

Pensé en el momento en que me contagié de COVID, en pleno auge de la pandemia, antes de que el terror general se desvaneciera, y estaba muy asustada. Cuando ya no podía contagiar, decidí que mi cuerpo necesitaba caminar un poco, así que me puse mis zapatillas y di un paseo corto por mi vecindario. Mi respiración aún no era normal, mis extremidades se sentían débiles y fatigadas, pero sabía que necesitaba moverme para sentirme saludable de nuevo.

Durante unos meses había estado viviendo con un miedo paralizante a que alguno de mis seres queridos se enfermara. Hice planes de emergencia, investigué vitaminas y suplementos, y envié repetidos mensajes de texto a todos los que conocía en los que les preguntaba por su salud. Cuando estaba enferma, mis amigos y familiares se preocupaban por mí, pero ninguno se mostraba atemorizado. Todos parecían entender que podían rezar por mí, darme aliento, esperar mi recuperación, y eso era todo. Entonces, ¿por qué sentía que la salud de los demás era mi responsabilidad, como una especie de carga física? ¿Por qué sentía como algo natural que me culparan si se enfermaban?

Otro recuerdo: pensé en la lucha intensa que uno de mis hijos adolescentes libró contra la depresión y la ansiedad recientemente. El dolor, la frustración y el terror me invadieron porque había conocido esa clase de lucha en el pasado. Quería evitarle ese sufrimiento, aunque sabía que al final vendría la sanación y saldría victorioso. Sin embargo, más que rescatarlo del dolor, en mi interior yo quería ser la solución. Con el tiempo, me di cuenta de que creía (erróneamente) que, si oraba lo suficiente, preparaba las comidas adecuadas, le hablaba con un tono optimista, lo alentaba de manera correcta, lo abrazaba en el momento indicado y mi cuerpo le proporcionaba justo lo que este niño necesitaba, se mejoraría.

Claro que ser madre nunca es tan simple, y tampoco lo son los problemas de salud mental. Por supuesto que podía ser una madre presente, orar y alentar, brindar apoyo y compasión, pero mi cuerpo no podía solucionar lo que el cuerpo de ese niño estaba sintiendo. En última instancia, hay un punto en el que yo termino y ellos comienzan.

Otro recuerdo vino a mi mente: en el lapso de una semana, dos de mis mejores amigas habían dado a luz por primera vez. ¡Mis dos mejores amigas dieron a luz a sus primeros bebés en la misma semana! Mi alma estaba exultante; eran mujeres que conocía hace años y con las que sentía una gran cercanía. Me imaginaba abrazada con cada una de ellas en sus camas de hospital después del nacimiento de los bebés; de pie junto a la cuna, en medio de la noche, calmando a un recién nacido inquieto; y soportando juntas los constantes desvelos. Puedes reírte de mi falta de límites, ¡pero te juro que estas imágenes surgieron del amor! ¡Amo a estas mujeres y quería vivir la maternidad con ellas!

Ambas me ayudaron pacientemente a replantearme esas exageradas expectativas antes de que su trabajo de parto comenzara, pero una profunda tristeza me invadió en las semanas que siguieron a los nacimientos. Sentía que estas dos amigas, estas dos nuevas mamás, *me necesitaban* para las noches sin sueño y las maravillosas sesiones de mimos, para contarme las dificultades de sus partos. Mi cuerpo no sabía cómo manejar esa sensación de animación suspendida al pensar tanto en los bebés y sus mamás sin estar físicamente presente en todo momento.

Hasta que, un día, fui a la casa de mi amiga Kristen y la vi con su recién nacido en brazos, y entendí: ella no me necesitaba para convertirse en mamá. Lo había llevado en ella todo el tiempo, y Dios le estaba dando lo que necesitaba. Yo podía observar y acompañarla, pero no era parte del proceso.

Tal vez estas historias te parezcan exageradas, y está bien. Ellas muestran quién soy. Alentar y apoyar a aquellos que amo es mi superpoder. Sin embargo, cuando se lleva demasiado lejos, puede parecer que va en contra de la autonomía. Mirando hacia atrás, comprendo que estaba desconociendo los límites de mi propio ser en la medida en que la compasión y el cuidado por los demás se desdibujaba. Estaba tan obsesionada con el bienestar de los demás que no podía percibir con claridad dónde terminaba yo y comenzaban ellos.

Hubo un tiempo en mi vida en el que pensé mucho sobre los límites, y hasta di clases al respecto. Mi vida no era perfecta con relación a los límites, pero había establecido algunos con éxito en el pasado; hasta cierto punto había sabido decir no. Sin embargo, cuando mi propio cansancio me abrumó, sentí que había perdido mi capacidad de desmarcarme de los demás de manera compasiva. Estaba perdiendo autonomía.

Noté que ejercía al extremo la empatía en cada relación o situación. Si alguien en mi vida estaba sufriendo, yo también sufría. Si alguien tenía una necesidad, me sentía responsable de satisfacerla. Si alguien en mi entorno se sentía atrapado, pensaba que era mi responsabilidad entrar en el pozo en el que estaba para que pudiéramos salir juntos.

Mi tiempo, mis emociones, mi salud espiritual, mi vida mental e, incluso, mi cuerpo, todo era para mí como una experiencia comunitaria. Había perdido autonomía.

Un año y medio después de sufrir un colapso mental debido al agotamiento, fui recobrando la plenitud física y mental, y ahora esa mujer sabia, sentada frente a mí, me preguntaba qué quería decir cada vez que afirmaba: "Necesito recuperar mi autonomía".

Al confirmar que no estaba del todo segura de lo que eso significaba, había llegado la hora de investigar un poco.

Autonomía es una palabra interesante porque significa tanto autoridad como libertad. La autoridad de la autonomía es el autogobierno, la capacidad del sujeto de tomar decisiones y determinar lo que se necesita. Sin embargo, dentro de la autonomía, también hay libertad: la libertad de sentir, moverse, desear e ir a donde sea necesario.

Al estudiar la palabra, me di cuenta de que no había perdido mi autonomía, solo la había malinterpretado. Nadie estaba quitándome o exigiendo mi autoridad o libertad, sino que yo la había entregado voluntariamente porque pensaba que amar a los demás requería eso de mí.

Para ser honesta, como creyente que ama la Palabra de Dios y disfruta de recibir sus enseñanzas, he escuchado opiniones diversas sobre cuánto deberíamos buscar la autonomía. He escuchado mensajes que acentúan nuestra dependencia de Dios y minimizan nuestra necesidad de independencia. También he escuchado estupendas ideas sobre la comunidad y nuestra interdependencia en el reino. En realidad, no veo que estos mensajes sean contradictorios, sino más bien son múltiples facetas del mismo diamante y todas ellas iluminan la luz del cielo y la manera amorosa en que fuimos creados.

Necesitamos a Dios, y no deberíamos jamás intentar escaparnos de eso; por el contrario, cuando nos rendimos a nuestra necesidad de Él, encontramos libertad y sanación.

Nos necesitamos unos a otros, dependemos unos de otros y caminamos juntos mientras caminamos con Dios.

Sin embargo, también necesitamos reconocer nuestros límites. En mi caso, nadie más que yo misma estaba arrasando mis límites personales.

Con el tiempo, restablecí los hermosos límites que Dios me dio para ejercer mi autonomía. Comencé a escuchar las señales de cansancio, hambre, miedo y agobio en mi cuerpo. Empecé a tomar decisiones sabias *antes* de sentirme agotada, y a dejar suficiente margen y espacio para descansar primero. Aún tropiezo a veces y vuelvo a creer la mentira de que amar a las personas requiere que ignore mis límites, pero ya me resulta más fácil volver al centro, a lo que es adecuado para mi alma y mi cuerpo.

Un cambio significativo ocurrió cuando me di cuenta de que, desde la perspectiva del reino, la autonomía es respetar la autoridad que Dios me ha dado para administrar mi vida. Él me ha dado la capacidad de cuidar de mi propio espíritu, mi mente, mis relaciones y mi cuerpo. Nadie más puede hacerlo por mí. Cuando cuido mi cuerpo al nutrirlo, descansar y reconocer mis límites, estoy haciendo la voluntad de Dios. Su reino llega cuando su voluntad se cumple, y su voluntad se cumple cuando cuido el cuerpo que Él me ha dado. De pronto, ni el autocuidado ni el descanso ni el decir "no" son acciones egoístas. Son la base para dar gloria a Dios y poder cuidar de los demás.

Nadie nos lo enseñó

Estamos volviéndonos más sabios como sociedad en muchos aspectos. De los cambios que hemos hecho como comunidad, uno de mis favoritos es que ya no obligamos a los niños a abrazar o recibir abrazos de extraños. En cuanto a mí, soy afectuosa al máximo cuando me siento segura y cómoda. Si no me siento segura, emocional, mental o físicamente, me niego de manera rotunda a serlo. No me toques. Esto significa que, incluso si eres mi esposo o mi mejor amiga, no debes acercarte si estoy llorando o me siento asustada.

Cuando era niña, no estábamos tan evolucionados respecto a los límites físicos de los niños. Nadie lo estaba. Recuerdo sentirme muy incómoda con la posibilidad de que cualquier adulto que quisiera pudiera abrazarme, y con la obligación de corresponder a su abrazo. Hay una miríada de razones por las cuales es muy importante que les demos a los niños la seguridad de elegir quién puede tocarlos, pero una de las más básicas es esta: les enseña que es saludable establecer y mantener los límites, especialmente los físicos. Desafortunadamente, a la mayoría de nosotros nadie nos enseñó esto. Ahora, como adultos, vivimos en una cultura donde se ha vuelto cada vez más aceptable respetar los límites, pero aún nos queda mucho camino por recorrer.

Además de que no se nos enseñó a ejercer nuestra autoridad para cuidar y nutrir nuestro cuerpo, muchos de nosotros tenemos circunstancias atenuantes que nos impiden sentir que nuestro cuerpo nos pertenece.

La enfermedad, las dolencias crónicas, el envejecimiento, las lesiones y la tan generalizada vergüenza corporal pueden resultar en una desconexión profunda de nuestro cuerpo. Cuanto más tiempo sintamos que nos está ocurriendo algo fuera de nuestro control, más nos esforzaremos por sentirnos conectados con nuestra carne.

La maternidad y el matrimonio son bendiciones extraordinarias que también pueden causarnos dificultades con la autonomía. Primero, está la compleja teología del "una sola carne" en la unión matrimonial, que nos hace olvidar a muchas de nosotras que, aunque compartimos una conexión física con nuestros esposos, lo hacemos de manera voluntaria y no por obligación. En Efesios 5, Pablo llama a esta teología un misterio, pero la verdad es que podemos convertirnos en una sola carne y aún mantener nuestra autonomía espiritual y física. Por ejemplo, si tu esposo está en pecado, no necesitas confesarlo. Ese es su pecado, y viceversa. Si te encuentras en labor de parto, sería frustrante escucharlo quejarse de las contracciones mientras solo está parado a tu lado. ¿Amén?

Somos una sola carne, pero dos seres espirituales y corporales. De hecho, nuestra unión se endulza y nuestra conexión se profundiza cuando reconocemos nuestros propios límites y les damos espacio a nuestros esposos con amor.

En el milagro de la maternidad, tenemos el honor de usar nuestros cuerpos para alimentar a los demás, sin importar cómo llegue un niño a nuestra familia. Sin embargo, este rol puede desdibujar las líneas que separan dónde empezamos y dónde terminan nuestros hijos. De nuevo, no hay muchas enseñanzas que alienten a las madres a practicar la autonomía cuidando de sus cuerpos mientras cuidan de los demás. Algunas de las imposiciones que cargan las mujeres en nuestra cultura están cambiando, pero incluso así, nos enfrentamos a la expectativa tácita que ha regido por siglos de que una mujer está destinada a dar, aun a expensas de su bienestar personal.

Se nos alaba por superar nuestras limitaciones físicas como esposas, madres, estudiantes y amigas. Se nos etiqueta como fuertes cuando ignoramos nuestras propias necesidades físicas una y otra vez sin procesar las consecuencias de esta continua negación de nuestros límites, que nos fueron dados por Dios.

El abuso espiritual y físico, las expectativas profesionales, la tecnología, la enfermedad mental, la velocidad vertiginosa de la cultura y la cosificación de las mujeres son todos factores sociales que fomentan y avalan la desconexión de nuestro cuerpo.

Sin embargo, aquí te doy una excelente noticia: volver a conectar con nuestro cuerpo, con la guía del Espíritu Santo, hará más intensa nuestra vida espiritual y nos ayudará a combatir el agotamiento. Volver a abrazar nuestras limitaciones y a aprender a respetar los límites de nuestro cuerpo no es egoísta en lo más mínimo. Es glorificar a Dios, y nos permitirá servir, amar y liderar bien a largo plazo.

Unas palabras sobre el esfuerzo

El esfuerzo ha tenido mala prensa en los últimos años, y tal vez se deba a una buena razón. La frase "cultura del esfuerzo" se ha hecho más conocida en la última década, pero los valores que la sostienen han existido desde mucho antes.

La ideología de la cultura del esfuerzo está arraigada en la noción de que afanarse, desvivirse y trabajar más y más, a menudo a costa de sacrificios personales, es una forma admirable de buscar el éxito. Es decir, la cultura del esfuerzo glorifica el éxito que se alcanza a través del sacrificio. Si embargo, esta idea romántica es desmentida con frecuencia por la realidad, porque aun cuando nos esforzamos para llegar a la cima, rápidamente descubrimos que tampoco allí podemos descansar y tenemos que seguir esmerándonos más y más para mantener el impulso en nuestros interminables emprendimientos.

Hace unos años, en un evento, escuché del autor y conferencista Jon Acuff la siguiente frase: "El esfuerzo es válido por un tiempo". Su audiencia eran emprendedores y autores, y entendí su idea. En el mundo particular de los emprendedores, hay un tiempo destinado a construir tu empresa. Puede consistir en trabajar noches y fines de semana enteros mientras haces la transición de un trabajo a otro, o en cubrir múltiples roles hasta que sea posible contratar a alguien. Lo que más me gusta de lo que dijo Jon es que, aunque hay un tiempo para esforzarse mucho, no se puede extender indefinidamente.

No soy para nada devota de la cultura del esfuerzo ni glorifico la negación de nuestras propias necesidades físicas para lograr el éxito. Sin embargo, soy muy consciente de que en nuestra vida hay temporadas que nos exigen un mayor trabajo físico, mental y emocional. En esas temporadas, no podemos seguir un ritmo normal de descanso y renovación. En esos momentos, no hay más remedio que perseverar por diversas razones.

Ya sea que estemos cuidando a un familiar enfermo, iniciando un posgrado, inaugurando una empresa, amamantando a un bebé recién nacido o atravesando una gran transición, hay períodos en nuestra vida que no son normales.

Son temporadas en las que prima el esfuerzo. No creo que esto signifique que no podamos descansar, si bien, en esas circunstancias, tal vez tengamos que agudizar nuestra creatividad para satisfacer nuestras necesidades físicas. Identificar estos momentos como algo fuera de lo común es fundamental, para evitar pensar en ellos como algo natural. Los períodos en que debemos esforzarnos más de lo normal deben ser considerados como la excepción de la regla. Es muy sabio y útil recordar esto: a veces, lo mejor de estas temporadas es que, eventualmente, todas terminan.

Unas palabras sobre la derrota

Autonomía significa tener la libertad y la autoridad para tomar decisiones que nos mantengan saludables e íntegros. El poder de la autonomía es que nadie puede quitárnosla. La belleza de la autonomía es que cuanto más aceptemos la libertad que se nos da y caminemos con el Espíritu Santo para usarla de manera reverente, más intimidad con Dios y con los demás experimentaremos.

La autonomía también significa que podemos autocompadecernos, porque nuestras limitaciones humanas no son una desventaja desde la perspectiva de nuestro Padre. No decepciona a Dios que nuestro cuerpo necesite descansar. Él te hizo con deliberación y propósito, y no se sorprende de que no puedas esforzarte más allá de tus propios límites físicos.

Es importante notar que el verdadero enemigo de la autonomía es la derrota.

El desaliento es sentirse desanimado o frustrado por algo. Por ejemplo, si te sientes desanimado por las circunstancias de tu vida y la falta de descanso físico que experimentas actualmente, eso puede ser un primer paso saludable hacia un cambio duradero.

La derrota es sentirse desesperanzado además de desanimado. Recuperarnos puede ser casi imposible si aceptamos la derrota y afirmamos que nada cambiará.

Rezo para que este libro te permita sentir la cercanía de Dios mientras Él te guía con su amor hacia un descanso real para tu cuerpo, tu mente y tu alma. Con ese deseo, te invito a prestar atención a cualquier derrota que puedas sentir con relación a tu cansancio. Si en tu espíritu aceptas la mentira de que nada cambiará, de que siempre estarás cansada pase lo que pase, comprendo bien cómo llegaste allí. Por eso, voy a hacerte la amorosa invitación de confesárselo a Dios, para ver si una nueva esperanza puede ayudarnos a vencer la fatiga contra la que hemos estado batallando por tanto tiempo.

Si estás dispuesta a acompañarme, con al menos una pizca de esperanza, sigamos adelante.

Encuentra tus límites

Este es un dato curioso: las tan proclamadas ocho horas de sueño fueron una estimación fabricada durante la revolución industrial. Con la invención de la jornada laboral de ocho horas, se promovió la división del día en ocho horas de trabajo, ocho horas de recreación y ocho horas de sueño.

Expectativas de descanso arbitrarias no nos van a ayudar a combatir el agotamiento. En su lugar, necesitamos una exploración individual de nuestras propias necesidades físicas. Debemos proceder a prueba y error para determinar cómo nuestro cuerpo alcanza la renovación que necesita para que primero podamos descansar y luego amar, servir, liderar y disfrutar de la vida.

Tengo una amiga que necesita dormir entre nueve y diez horas. Es una mamá reciente, que transita su maternidad con plena conciencia de que necesita ayuda para volver a alcanzar esa meta lo antes posible. No participa de eventos divertidos, se va temprano de las fiestas, no ve televisión por la noche, y nunca toca la cafeína, porque sabe que, haciendo todo eso, su cuerpo funcionará bien.

Tengo otra amiga que ha trabajado mucho para poder tener dos días libres consecutivos por semana, a pesar de que es empleada en un comercio minorista y su horario cambia de una semana a la otra. No le importa entrar tarde, mover su *sabbat* o perderse eventos comunitarios. Ella sabe que su cuerpo necesita dejar de trabajar cuarenta y ocho horas para renovarse.

Otra mujer que conozco está decidida a disfrutar de un día de descanso a pesar de que tiene nueve hijos. La ropa, los platos, la aspiradora y los traslados en auto están tachados de su lista de tareas durante las veinticuatro horas de un día a la semana. Este es su límite.

Después de observar mi propia necesidad de descanso físico en los últimos años, he encontrado una variedad de rutinas y reglas que funcionan para mí:

- Necesito una hora de tranquilidad por la mañana antes de interactuar con otras personas o salir de mi casa. Me levantaré al amanecer si es necesario.
- Después de días de mucha actividad (viajes, conferencias, momentos emocionantes o tensos), que tanto le exigen a mi sistema nervioso, las batatas y el salmón son los alimentos que mejor contribuyen a que mi sistema suprarrenal funcione normalmente otra vez.
- Me ducho todas las noches antes de acostarme y lo convierto en un ritual. Primero, como mencioné más arriba, veo televisión (colocando mi teléfono lejos del agua) en la ducha. Luego, me tomo unos minutos para relajarme en el vapor y suelo beber un gran vaso de agua con hielo.

- No puedo quedarme quieta en mis días libres. Necesito mover mi cuerpo porque así es como mejor disfruto del descanso.

Son solo algunos ejemplos, pero la idea principal es que solo tú puedes descubrir y demarcar tus propios límites, y solo tú puedes crear el ritmo que mejor se corresponde con ellos. No lo consideres una tarea más a cumplir sino una oportunidad para reconectar con la persona que Dios quiere que seas, para escuchar y aprender de las hermosas limitaciones de tu cuerpo y así honrarlas con total reverencia.

Aquí hay algunas preguntas para comenzar:

- ¿Cuántas horas de sueño necesitas para esta etapa de tu vida?
- ¿Puedes comenzar a establecer una rutina con un horario fijo para irte a dormir que te permita respetar el principio bíblico de "primero la noche y luego la mañana", primero el descanso y luego el trabajo?
- ¿Qué prácticas de alimentación y ejercicio te hacen sentir renovada?
- ¿Dónde y cuándo necesitas más tranquilidad y tiempo para reorganizar tu día? ¿Cómo puedes incluir ese tiempo en tu agenda?
- ¿Cuántos descansos regulares puedes incorporar en la semana, el trimestre, y el año?

Decir no

No hay forma de evitarlo, amigas. Ojalá hubiera otra manera, por el bien de todas nosotras. Desafortunadamente, si vamos a dejar de vivir cansadas, de extenuar nuestros cuerpos, tendremos que aprender a decir no. Si estamos luchando para encontrar un descanso físico adecuado a nuestro nivel de actividad en el presente, tendremos que reducir nuestros compromisos.

La mayoría de nosotras tenemos demasiado: demasiadas oportunidades, invitaciones y opciones. Aunque tu vida te parezca vacía de convocatorias comunitarias, estar presente en nuestra cultura actual implica una avalancha de opciones que siempre viene hacia ti. Considerar tan solo la variedad de programas televisivos implica que tendremos que decir no. No puedes ver todos los programas de los que la gente está hablando, amiga mía. ¡No hay tiempo!

Encontrar el descanso físico que necesitas puede significar negarte a cocinar para el próximo evento, a organizar el club de lectura o la reunión del comité, a ofrecerte a ayudar porque alguien canceló, o a planificar la reunión familiar.

Vamos a cubrir algunas de las muchas razones por las que odiamos decir no, y luego elaboremos un plan logístico para enfrentar nuestros miedos y disculparnos sin remordimiento.

- *No nos gusta decir no porque no queremos decepcionar a la gente.* Esta cita de Gálatas 1:10 siempre me conmueve: "Entonces, ¿busco ganarme la aprobación humana o la de Dios? ¿Piensan que procuro agradar a los demás? Si yo buscara agradar a otros, no sería siervo de Cristo". Sé que nos gusta hacer feliz a la gente, pero en realidad, permitirnos ser siempre complacientes es una forma de idolatría. Tenemos que confesarle esto a Dios, arrepentirnos y dejar de hacerlo.

  Además, he descubierto que la mayoría de las personas no quieren que digas sí por obligación. Una cosa más: es probable que estés robándole a otro la oportunidad de encargarse de lo que estás haciendo de mala gana. Si estás diciendo que sí para complacer a los demás, di no en el nombre de Jesús.

- *No nos gusta decir no porque no queremos perdernos algo.* Amigas, lamento ser tan sincera, pero he aprendido a no ser indulgente con el pecado. El "miedo a perderse algo" no parece siniestro, pero a menudo su causa es la falta de gratitud en nuestra propia vida. Ese miedo es un conflicto con la satisfacción que debemos confesar y del que debemos arrepentirnos, y no tratarlo como si fuera algo normal en nuestra vida.

   La gratitud dice: "Estoy agradecida por lo que tengo". La generosidad dice: "Estoy agradecida por lo que tienes". ¿Sentiremos ocasionalmente el dolor de perdernos algo? Claro. ¿Cambiaremos nuestra disponibilidad basándonos en eso? Tal vez no. Si estás diciendo que sí por ese miedo, di no en el nombre de Jesús.

- *No nos gusta decir no porque nos preguntamos: "Si no lo hago yo, ¿quién lo hará?".* Como resultado, nos sentimos obligadas y responsables por las personas que amamos y para las que queremos estar presentes. Este conflicto es muy real y evidente, pero también sirve para verificar dónde están arraigadas nuestra fe y creencias. Si no terminamos el informe, ¿quién lo hará? Si no lavamos la ropa, ¿quién lo hará? Si no nos ofrecemos como voluntarias en la clase de nuestros hijos, ¿quién lo hará? Si no dirigimos la reunión, ¿quién lo hará? A veces estamos tan seguras de que somos las únicas en las que se puede confiar que nos olvidamos de confiar en Dios. Más abajo, voy a compartir una historia que cambió mi vida respecto a sentirme responsable. Por ahora, solo te pido que recuerdes esto: si estás diciendo que sí porque crees que eres la única persona en quien se puede confiar, di no en el nombre de Jesús.

Ahora, ¿cómo diremos no en el mundo?

1. Diremos no con la valentía de los líderes, en la creencia de que hacemos espacio para que más mujeres honren sus propias limitaciones.
2. Diremos no sin disculparnos. Si sueles pedir perdón profusamente cuando rechazas una invitación, se volverá costumbre. Cuando te abstienes de disculparte, te demuestras a ti misma y a los demás que no estás haciendo nada malo.
3. Diremos no tan pronto sepamos que es un no. No lo hiperespiritualizaremos (no aduciremos que estamos orando al respecto) ni mantendremos a las personas esperando una respuesta (si es un no, es un no).
4. No mentiremos ni dudaremos sobre nuestra disponibilidad.
5. Por último, probaremos usar algunas de estas frases:
    "Muchas gracias por ofrecérmelo, pero no puedo hacer eso".
    "No tengo la capacidad para hacerlo, pero me honra que me hayas preguntado".
    "No estoy disponible para asistir. ¡Gracias por preguntar!".
    "Gracias por pensar en mí. Ojalá estuviera libre, pero no puedo hacerlo en este momento".
    "No puedo asistir; ¡gracias de todos modos!".
    "Ojalá pudiera, pero no puedo hacerlo en este momento".
    "Por favor, pregúntame en otro momento. Ahora no puedo".

Está bien, tienes lo que necesitas. Si estás cansada, y cansada de estar cansada, no hay otra manera de solucionarlo. Así que vamos a tener que decir no. Podemos hacerlo. Hagámoslo.

El ministerio de la ausencia

Hace más de diez años, Nick era pastor de una iglesia que estábamos ayudando a refundar y reconstruir después de una temporada difícil. Cuando nos mudamos a esa ciudad, no teníamos idea de lo que nos esperaba ni de lo que había estado ocurriendo en esa iglesia. Tan pronto como nos establecimos, llegaba a nuestra puerta un sufrimiento tras otro.

Los pastores estaban cansados o se estaban yendo. La gente estaba amargada y frustrada. Las familias estaban lidiando con un trauma masivo. Había mucha belleza y gracia, pero también mucho dolor.

Una noche, el teléfono de Nick sonó bastante tarde (para nosotros), tal vez alrededor de las diez, mientras él y yo estábamos en la cama leyendo. Teniendo en cuenta la difícil situación de la iglesia, Nick contestó ansioso por saber qué pasaba a esas horas de la noche. Yo me senté a su lado, rezando en silencio, y me ponía más y más nerviosa mientras él escuchaba.

Era nuestro nuevo amigo Sam, que estaba bastante molesto y agitado por algo que le estaba pasando. No voy a revelar toda su historia, pero no se trataba de poca cosa, y me sorprendió la respuesta que escuché de Nick.

—Está bien, amigo, si estás a salvo esta noche, colgaré el teléfono y rezaré por ti. Quiero que tú también reces. ¿Por qué no vienes mañana para que podamos hablar?

—¿Estás seguro de tu respuesta? Es algo bastante serio. ¡Sam podría venir ahora o incluso tú puedes ir a encontrarte con él! No quiero dejarlo esperando.

Nick me aseveró que estaba seguro, pero yo, mis amigas, dudaba y un poco criticaba lo que había hecho. Nick era su pastor, ¡y Sam estaba sufriendo! ¡Necesitábamos responder! ¡Necesitábamos ayudar! ¡Sam nos necesitaba!

Nunca olvidaré lo que ocurrió al día siguiente.

Sam vino alrededor de media mañana y se sentó en el sofá retro dorado que habíamos heredado de mi abuela. Los niños estaban jugando arriba, muy alborotados. Preparé café y nos sentamos a escuchar a Sam.

—Bueno, es algo extraño, —empezó Sam—. Anoche, me dijiste que rezara por esto y lo hice. A decir verdad, fue la primera vez que recé por mi propia voluntad. Ahora creo que soy cristiano. Sentí la presencia de Dios y funcionó. Anoche cambió mi vida.

Me pareció increíble. Nick no se mostró arrogante (no es un tipo engreído), pero tampoco se sorprendió. Él entendía que el ministerio de la ausencia es algo real. A veces insistimos tanto en la importancia de nuestra presencia que olvidamos la presencia de Dios. Nos creemos la mentira de que estamos sosteniendo la vida de los demás con nuestras propias manos desnudas, y nos olvidamos de Dios que mantiene la marea alejada de la orilla.

Me encanta ser una persona presente. Me encanta ayudar, amar, guiar a la gente, estar con ellos. Me encanta decir sí por obediencia, pero también me encanta que mi Dios trabaje mientras duermo. Me encanta que mi Padre a menudo dé un consejo mejor del que yo podría dar. Me encanta que mientras mi cerebro ve estrategias y logística, Él solo continúa con su plan magistral lleno de milagros.

Si estás cansada porque dices sí a todo y estás presente en todos los espacios, puede ser el momento de practicar el ministerio de la ausencia. Si estás exhausta porque has creído la mentira de que todo depende de ti, puede ser el momento de depender un poco más de Jesús.

Quizás esto significa que dejas que otro acueste a tus hijos de vez en cuando, porque sabes que tienes un lugar más que establecido en sus vidas.

Quizás te ausentes de una reunión de amigas cuando tienes días muy ocupados, porque sabes que serás una amiga más presente en el futuro si no te excedes esta semana.

Practicar el ministerio de la ausencia podría significar tomarse un tiempo libre de tus voluntariados, tu liderazgo o tus planes para encontrar un ritmo más sostenible.

No seremos negligentes ni complacientes, pero haremos una pausa y pediremos al Espíritu Santo que nos guíe antes de decir sí y responder en cada espacio a cada demanda. No ignoraremos las necesidades de los demás, pero recordaremos que Jesús ama a sus hijos más de lo que nosotros podríamos jamás. No nos esconderemos ni retrocederemos cuando Él nos llame. Aun así, nos aseguraremos de mantener un ritmo físico que esté de acuerdo con la verdad de que somos hijas, no soldados, ni trabajadoras de una fábrica que no pueden renunciar, ni sirvientas que tienen que seguir barriendo para que nadie note que hemos dejado de hacerlo.

Somos hijas. Las limitaciones de nuestro cuerpo físico no son una carga; más bien, son un regalo de nuestro Padre para que podamos apoyarnos en Él y regresar a nuestra amada identidad. Vamos a desacelerar, escuchar a los demás y luchar contra la fatiga que nos atormenta.

Consejos para el ahorro de energía física

- Haz una pausa antes de decir sí a cualquier cosa, sin importar cuán simple parezca. Reza si es necesario, y pregúntate: *Si digo sí a esto, ¿cuál es mi razón para hacerlo?*
- Prioriza dormir bien, no solo despertarte bien (descansa antes de hacer trabajar a tu cuerpo).
- Valora la participación sobre el rendimiento. Cuando te presentes en algún lugar, presta atención a la forma en que puedes estar intentando actuar (llegar temprano, tu apariencia física, tu entusiasmo, tu intento de mejorar la percepción que los demás tienen de ti).

- Conserva tu energía mental y reformula la descripción de tus limitaciones físicas (tu necesidad de sueño, de tiempo libre, de tranquilidad, etc.). Trata de no criticar tus necesidades físicas básicas, disculparte por ellas o explicarlas.

Lo que las mujeres tienen para decir

"Solo necesito sobrevivir las próximas semanas" era una constante promesa incumplida que me hacía a mí misma, que recompensaría mi "perseverancia" en dormir una cierta cantidad de horas. Vivir saludablemente se convirtió en algo que tenía que ganarme y no lo vivía como un regalo de Dios. Cuando llegaba a mis horas de sueño prometidas, necesitaba quedarme despierta para atender mis propias cosas porque había pasado el día diciendo que sí. Entender que decir no, tanto a mí misma como a los demás, podía considerarse algo sagrado cambió mi vida. Si el Espíritu Santo no decía sí, yo decía no. Si dormir las horas necesarias me hacía sentir mal porque no estaba siendo productiva, me decía no y me convencía de que ese descanso del sueño es productivo.

Makayla, líder de ministerio y joven esposa

Nueve

Cansancio mental
"Mi cerebro está quemado"

Se suponía que el 2020 sería nuestro año. Tal vez también se suponía que sería tu año. Tal vez te habías propuesto avanzar en el trabajo, pasar más tiempo con los demás, o ver a tus hijos partir a la universidad. El sufrimiento que trajo la pandemia de COVID-19 fue enorme: las muertes, los problemas de salud mental, la pérdida de comunidad y mucho más. Fue un duelo para nuestra familia porque se suponía que sería nuestro año sabático, y habíamos ahorrado y planeado durante años para hacer varios viajes.

La idea del sabático proviene de Levítico 25, donde Dios les ordena a los israelitas que dejen descansar la tierra cada siete años. Curiosamente, no se aplicó a los trabajos vocacionales hasta 1880, cuando la Universidad de Harvard inició un programa de sabáticos para sus profesores, a los que alentaban a tomarse un tiempo libre para estudiar, recrearse y descansar. Para 1977, McDonald's fue la primera empresa en ofrecer sabáticos corporativos a sus empleados.[1]

La primera vez que escuché hablar de años sabáticos fue en la iglesia, como una opción que se ofrecía a los pastores después de seis años de trabajo. Sin embargo, para ser honesta, es una linda idea que pocas veces se concreta. De hecho, el setenta y dos por ciento de las iglesias no ofrecen sabáticos.[2]

Mi información extraoficial al respecto proviene de conocer a muchos pastores, y muy pocos se han tomado un sabático.

Ya sea que estés en el ministerio o no, el concepto de hacer descansar la tierra me parece muy importante. Cuando trabajamos la tierra, ella se merece un descanso. Cuando trabajamos nuestro cuerpo, nuestra mente, nuestro corazón, ellos también se merecen un descanso.

Mucho tiempo antes de su arribo, ya se había decidido que el 2020 sería un año sabático para Nick, y él se lo contó a todo el mundo. Yo tenía muchas preguntas: cómo lo haríamos posible, cómo lo íbamos a financiar, qué haría la iglesia sin nosotros, y cómo podía yo dejar de trabajar, de escribir y de viajar para enseñar. Su respuesta siempre era la misma: que lo resolveríamos, y Dios proveería porque necesitábamos que la tierra descansara.

Nuestro plan era viajar primero a Bangkok donde vivía mi papá en ese entonces. Después, iríamos a Nueva Zelanda y terminaríamos nuestro sabático con dos semanas en Seattle, donde habíamos pasado parte de los primeros años de nuestra familia. Dejaríamos atrás las computadoras y los preparativos para compensar nuestra ausencia de la iglesia, aunque yo tendría tiempo libre para crear contenidos o planear estrategias para nuestro trabajo.

Por supuesto, para marzo de 2020, sabíamos que probablemente nuestros planes cambiarían, ya que la pandemia global obligó a cancelar una cosa tras otra. Para mayo, nos habían reembolsado todos nuestros vuelos, y comenzábamos a lamentarnos de no disfrutar de un sabático, en especial porque tener que aprender a dirigir una iglesia local durante una pandemia nos había dejado más exhaustos que nunca.

Entonces, Dios abrió un camino. Hay una pequeña isla privada cerca de Charleston llamada Dewees. Si estás imaginando un lugar deslumbrante, detente. Dewees es una isla desierta en el sentido de que no hay autos, ni turistas, ni tiendas, ni siquiera caminos, solo un puñado de casas rústicas, una pequeña oficina de correos y un muelle para el ferri. No podíamos viajar, pero podíamos usar parte del dinero ahorrado para el sabático y alquilar una casa por un mes en esta isla deshabitada.

Y eso hicimos. Partimos hacia Dewee en julio, con los niños, nuestro perro, un millón de libros y revistas, y suficiente protector solar para hundir el ferri. Lo que Dios hizo allí en ese mes ocuparía todo un libro, pero solo te contaré los primeros días.

La tranquilidad de esos primeros días era alarmante. No había otras personas, tareas, redes sociales ni proyectos por terminar, solo nuestra familia y una playa vacía frente a nuestra casa. Yo estaba aterrorizada. Mi cerebro estaba acostumbrado a la estimulación. Mi alma estaba tan acostumbrada a la obligación constante que ni siquiera sabía qué pensar. Lo único que hacía era preocuparme por todo.

Entonces leí algo muy inspirador en el libro de Ruth Haley Barton, *Una invitación al silencio y a la quietud*. Ella advertía que en los primeros días de un retiro o un sabático, tu cerebro se siente como un frasco de tierra y agua sacudido con violencia. Cuando todo se detiene de pronto, es como cuando dejas el frasco: toma tiempo para que el sedimento y la tierra se asienten.[3]

Nuestros cerebros están sobreestimulados. La configuración predeterminada para las mujeres en nuestra cultura actual es sentirse abrumada, pero esa no tiene que seguir siendo nuestra realidad. No tenemos que seguir viviendo distraídas, confundidas y mentalmente exhaustas.

Ojalá que la metáfora de la Dra. Barton nos sirva de apoyo mientras avanzamos: tomará tiempo para que el polvo y la tierra se asienten, y puede ser que nuestra mente se sienta abrumada e incómoda cuando abrazamos el descanso bíblico.

Dicho de otra manera, puede que nos sintamos peor justo antes de que todo comience a mejorar, pero, eventualmente, la tierra se asienta y vemos otra vez con claridad.

¿No te parece esto algo que vale la pena?

Jesús, ayúdanos

El tráfico está pesado mientras me dirijo del café al trabajo. Debería sentirme ansiosa o asustada por llegar un poco tarde, pero estoy aliviada por el respiro mental. Mi amiga y yo habíamos reprogramado un café una y otra vez por varias semanas, y finalmente lo hicimos realidad. No tenía idea de lo que me esperaba cuando nos reunimos. Ella no me había anticipado nada sobre lo mal que iba la relación con su esposo, y tampoco estoy segura de que ella supiera cuán mal, pero ahora no puedo dejar de pensar en lo difícil que es el matrimonio para todos.

En el semáforo, conecto mi teléfono (que olvidé cargar anoche) y me doy cuenta de que me habían llegado nueve mensajes de texto mientras tomábamos café. Dos están relacionados con el trabajo, dos son anuncios de tiendas en línea, y cinco son del grupo de mi familia extendida sobre un primo que está en el hospital. No puedo leerlos todos todavía. Me propongo revisarlos al llegar a la oficina.

Cuando el semáforo se pone en verde, intento despejar mi mente y concentrarme en la reunión a la que voy retrasada, pero la conversación con mi amiga sigue apareciendo en mis pensamientos, y ¡oh, Señor!, acabo de recordar que no apagué mi rizador esta mañana. Sé que tiene un apagado automático de seguridad, pero ¿y si falla? Otro semáforo en rojo. Mi retraso de ocho minutos se ha extendido a doce.

En este semáforo, abro mi teléfono para echar un vistazo mientras espero para apaciguar mi ruido mental, y veo dos publicaciones en redes sociales que quedan grabadas en mi mente por el resto del trayecto. La primera es sobre el gran consumo de carne en el siglo XXI (de alguna manera, este problema que no estoy cualificada para resolver se vuelve mío y da vueltas por mi cabeza). La segunda es una publicación de la chica que dirige mi estudio bíblico semanal. Fue su cumpleaños el fin de semana pasado. No le envié un mensaje ni le compré un regalo o una tarjeta, así que me pregunto qué me pasa. Cierro las redes sociales; esto no está ayudando.

Abro la aplicación Notes con la intención de apuntar un recordatorio para enviarle un "feliz cumpleaños", y veo la nota que había empezado durante el trayecto a mi oficina el jueves pasado. Nunca terminé ni resolví nada de esto. Estoy a punto de llegar a la oficina. Mi cerebro está quemado. No está funcionando. Estoy haciendo lo mejor que puedo y aun así no mantengo mis compromisos al día.

"Jesús, ayúdame...", rezo mientras me desabrocho el cinturón de seguridad, agarro mi teléfono y mi bolso, y me apresuro a entrar tarde a la reunión.

¿Te suena familiar? ¡Jesús, ayúdanos!

Esta música es demasiado estridente

Cuando empecé a sufrir ataques de pánico recurrentes, principalmente por la noche, los días eran agotadores, pero mi ansiedad disminuía durante el día. Podía hacer ejercicio e ir al trabajo. Era capaz funcionar. La maquinaria solo se desmoronaba por la noche. Los ataques de pánico me llevaron al insomnio, un círculo vicioso de una noche horrible tras otra.

Pasaron unos meses, visité doctores y terapeutas, recé miles de oraciones y consulté estrategias para mejorar mi salud mental, y el alivio llegó. Empecé a dormir de nuevo, y los ataques de pánico nocturnos se volvieron menos frecuentes.

Hasta México.

Nick y yo conseguimos cuatro noches en un resort en México con un descuento colosal por reservarlo durante la pandemia. Era evidente que el resort estaba desesperado por recibir dinero, así que compramos la estadía para usarla más adelante. En julio de 2022, una vez que me sentía mejor y era el momento adecuado para nuestra familia, nos escabullimos al resort para tomarnos unas breves vacaciones y celebrar nuestro aniversario de bodas.

Dormía muy bien por la noche y me reía, y hacía arrumacos con mi esposo, muy agradecida por ese enorme regalo de tiempo y relajación. Entonces, ocurrió. Una tarde, sentados junto a la piscina, esperábamos unos tacos, escuchábamos la selección del DJ, y nos sentíamos un poco viejos comparados con los jóvenes que se zambullían. Sin previo aviso, comencé a sentir una presión en el pecho, y mi respiración se entrecortaba. No estaba estresada, nerviosa ni preocupada por nada, sin embargo, mi cuerpo estaba experimentando todos los signos tempranos de un ataque de pánico.

Intenté calmar mi mente y mi cuerpo sin decirle a Nick lo que me estaba pasando. La música era estridente, el sol calentaba demasiado, y mi cuerpo no escuchaba a mi mente. El pánico recorría todos mis miembros y se desbordaba a través de mis ojos en lágrimas incontrolables. Puse mi mano en el brazo de Nick que, al ver mi rostro, lo entendió y se dispuso para ayudarme de inmediato. Unas horas y mil lágrimas después, estaba en nuestra habitación, acostada en la cama, y trataba de que mi cuerpo se recuperara de lo que había pasado. Mi sistema nervioso estaba agotado tras horas de experimentar esta reacción traumática, así que me quedé inmóvil en la oscuridad para aliviar la fatiga que sentía. Intentaba no estar frustrada conmigo misma, con mi cerebro y con mi cuerpo por dejar que esto me pasara durante las vacaciones; en cambio, trataba de bendecir mi cuerpo por defenderse ante una estimulación abrumadora.

Después de unos meses sin sufrir ataques de pánico, tuve otro muy intenso. Esta vez, fue durante una cita con Nick, en un nuevo restaurante que había abierto cerca de nuestra casa. La experiencia fue exactamente la misma: pánico, lágrimas, recuperación, agotamiento. Cuando comparé las dos ocasiones e intenté definir su catalizador, intuí que el denominador común en ambas situaciones había sido el alto volumen de la música.

Una rápida búsqueda en Google a partir de la pregunta "¿La música fuerte causa ataques de pánico?", te confirmará que tienes una condición rara llamada "fonofobia" (al menos así fue para mí). En última instancia, no creo que el ruido en sí haya causado el pánico, pero sí que la sobreestimulación extenuó mi cerebro.

Y esta es la cosa: me niego a creer que mi cerebro y mi cuerpo estén dañados porque no pueden manejar la estimulación constante. En otras palabras, el problema no es nuestra incapacidad de sostener un exagerado esfuerzo mental en todas las situaciones, todo el día, porque nadie puede hacerlo.

¿Qué tiene esto que ver con el cansancio? Nos fueron dados cinco sentidos con los que experimentar el mundo para la gloria de Dios: vista, olfato, oído, gusto y tacto. Sin embargo, para la mayoría de nosotras, nuestro entorno cultural actual ha subido el volumen de cada sensación hasta producir una saturación sensorial casi constante. Para procesar esta estimulación, nuestro cuerpo y nuestro cerebro consumen energía, lo que provoca un esfuerzo que es casi indetectable para nosotras y nos deja sintiéndonos cansadas.

Gran parte de tu cansancio mental no tiene nada que ver con tu capacidad, tu fortaleza, tu resistencia, ni siquiera con tus elecciones de vida. Nuestra cultura, en gran medida, nos ha despojado de la posibilidad de tener momentos tranquilos, sin distracciones, aburridos y de baja estimulación. Esto no significa que no tengamos esperanza, sino que debemos volver a lo esencial y recuperar un poco de espacio libre para nuestra mente.

Hay una razón por la cual el Salmo 23 nos dice que nuestro Padre quiere guiarnos a aguas tranquilas y hacernos descansar en verdes praderas. Hay una razón por la cual David escribió tantos salmos en la soledad de las cuevas mientras clamaba a Dios. Hay una razón por la cual Jesús tuvo que escapar de las multitudes, de aquellos a los que vino a amar, salvar y servir, para tener tiempo a solas con Dios. Hay una razón por la cual Moisés escuchaba mejor a Dios en la montaña, no en medio de los gritos de los israelitas.

Me encanta la tecnología. Me encanta sentirme conectada con el mundo que me rodea: la vida, el color, los eventos y el ruido. Ya te he dicho que me gusta ver televisión en la ducha. Sin embargo, no puedo combatir el cansancio mental si no tengo momentos de tranquilidad, regulados y rítmicos. Y tú tampoco puedes. La sobreestimulación nos está agotando mentalmente, pero también está afectando nuestro cuerpo y nuestra alma de manera persistente.

El mito de la multitarea

Me enorgullecí por años de mi habilidad para hacer diez cosas a la vez, hasta que me di cuenta de que las hacía todas con menos concentración de la que era capaz. La Dra. Caroline Leaf es la primera persona que escuché denunciar la multitarea de una manera que me parece lógica. Esto es lo que ella nos dice:

> La verdad sobre la multitarea es que es un mito persistente. Lo que realmente hacemos es cambiar nuestra atención rápidamente de una tarea a otra, lo que tiene dos consecuencias negativas: (1) No dedicamos la debida atención a una

actividad, tarea o información específica, y (2) Sacrificamos la calidad de nuestra atención…

Esta concentración deficiente y la falta de calidad en nuestros procesos mentales son lo opuesto al diseño que tiene el cerebro para funcionar, y causan daño cerebral a cierto nivel. Cada cambio rápido, incompleto y de baja calidad en el pensamiento es como hacer un batido con tus células cerebrales y tus neuroquímicos.[4]

¿Y si tu agotamiento mental se debe menos a una falta de energía y más a un constante estado de atención dividida? Me sorprende que este principio científico también se refleja en la simplicidad de las Escrituras.

Proverbios 4:25 nos dice: "Dirige la mirada hacia adelante; fíjate en lo que tienes delante de tus ojos". (RVC)

Hebreos 3:1 nos recuerda: "Por lo tanto, hermanos, ustedes que han sido santificados y que tienen parte en el mismo llamamiento celestial, fijen su atención en Jesús, el apóstol y sumo sacerdote de la fe que confesamos".

Filipenses 3:13-14 dice: "Hermanos, no pienso que yo mismo lo haya logrado ya. Más bien, una cosa hago: olvidando lo que queda atrás y esforzándome por alcanzar lo que está delante, sigo avanzando hacia la meta para ganar el premio que Dios ofrece mediante su llamamiento celestial en Cristo Jesús".

Para combatir la multitarea de una manera acorde con el reino, no tenemos que estar en una sala pensando solo en Jesús todo el día, pero sí tendremos que trabajar para aclarar nuestros propósitos a niveles macro y micro, y así no vivir con una mente dividida y exhausta.

Esa no es mi carga

Desde que nací, no tengo filtro cuando hablo. Si algo es verdadero o parece verdadero, mi cerebro carece de la capacidad innata de decir otra cosa. La buena noticia es que siempre sabrás lo que creo. La mala noticia es que a veces hablo de más y dejo al descubierto mi alma o a otras personas con esa avalancha de honestidad.

Por el poder del Espíritu Santo y la misericordia de las buenas costumbres, he desarrollado un filtro, aunque solo uno pequeño. Estoy aprendiendo que no tengo que compartir toda la verdad y nada más que la verdad con todas las personas todo el tiempo. Por eso, cuando alguien me pregunta cómo estoy un domingo por la mañana en la iglesia, no tengo que dar la respuesta falsa de "¡Bien, muy ocupada, pero bien!" (a menos que eso sea verdad). Y al mismo tiempo, no tengo que responder con una honestidad excesiva: "Estoy un poco hinchada, soportando que me comparen con mi hermana, ansiosa por cómo saldrá este servicio, pero en general, me siento bastante bien".

Así que, cuando alguien me pregunta sobre los detalles de mi crisis de cansancio o ansiedad, esa que fue en realidad un descubrimiento, hago un rápido chequeo mental para decidir cuánto debo compartir. ¿Conoces en que consiste ese chequeo? Se trata de querer ser transparente y honesta, pero no tanto como para que los demás deseen no haber preguntado. He aprendido a responder por partes, para medir de manera adecuada cuándo y dónde dejar de compartir, ya sea porque el oyente ha perdido interés o porque mi interlocutor no es alguien tan cercano como para invitarlo a mis historias más íntimas.

He aquí un posible diálogo:

Un conocido curioso: "¡Hola! Recuerdo que estabas sufriendo una crisis de ansiedad e insomnio el año pasado. ¿Cómo sigues? ¿Estás bien?".
Yo: "Gracias por preguntar. Me siento mucho mejor".
(Pausa para evaluar y ver si hacen otra pregunta).

Un conocido curioso: "Qué bien, me alegra mucho escuchar eso. Sé que pedías mucha oración; parecía un proceso intenso. ¿Qué crees que te ayudó a salir de eso?".

Yo: "Bueno, definitivamente, Dios; Él me llevó a usar muchas estrategias diferentes. Consulté a dos médicos y a un director espiritual. Tuve que empezar a practicar la higiene del sueño. Tuve que dar un paso al costado en mi rol en la iglesia. La medicina me ayudó, mantener un diario personal también, pero en última instancia tuve que hacer mucho trabajo interior". (Pausa para evaluación. Si hacen una pregunta más, esta suele iniciar mi parte favorita de la conversación porque puedo compartir lo que estoy a punto de compartir contigo.)

Un conocido curioso: "¿Tienes idea de qué causó o provocó esa crisis?".

Yo: "Para ser honesta, sí. Después de mucho procesamiento y oración, estoy bastante segura de que esto se había ido acumulando durante años. Tal vez, por más tiempo. En el fondo, estaba sufriendo por asumir demasiadas responsabilidades. Pensaba que debía cargar con todo. No podía descansar porque no podía dejar de vivir como si tuviera que resolverlo todo, arreglarlo todo y planificar todo, todo el tiempo. El verdadero problema es que una vez que comienzas a creer en esta mentira, a menudo te premian por ello. Con el tiempo, llegué a creer que era yo la que todo lo sostenía y olvidé que es Dios quien todo lo sostiene".

Un conocido curioso: "Guau, es más de lo que pensaba que me contarías, pero me alegra escuchar eso".

Nuestra cultura espera, fomenta y premia que las mujeres asuman demasiadas responsabilidades. Comienza cuando sumas algo más a tus preocupaciones, probablemente motivada por el amor o la devoción a Dios: el problema que está atravesando una amiga; la tragedia de una familia que lees en las redes sociales; los conflictos sistémicos que a tantos agobian; problemas con la merienda en la clase de tu hijo; la frustración de tu mamá con tu papá la última vez que los visitaste; el compañero de trabajo que se niega a hacerse revisar ese bulto. La tentación de cargar con el peso de todo lo que nos rodea es, de alguna manera, tanto involuntaria como naturalmente voluntaria al mismo tiempo.

Así como estamos siempre tentadas a superar los límites físicos necesarios para el descanso, lo mismo ocurre con nuestra carga mental. De hecho, es realmente más difícil identificar nuestros límites cuando son tan internos, y es más difícil comunicárselos a los demás cuando hemos llegado al borde de lo que podemos *pensar*.

Sin embargo, si no lo hacemos, no daremos respiro a nuestra mente, porque en ella cada preocupación es un peso aplastante. ¿Cómo procesamos esto? ¿Cómo cuidamos a los demás sin cargar con su yugo?

Muchas historias de la vida de Jesús me alientan a recordar que es posible amar de verdad a los demás sin creer que es nuestro deber satisfacer cada una de sus necesidades. Pienso en el momento en que murió Lázaro en Juan 11. Era evidente que Jesús amaba a su amigo y haría duelo por él, pero aun así esperó dos días para ir a verlo después de escuchar que estaba enfermo.

Pienso en Lucas 22, cuando Jesús se retiró a orar justo antes de su muerte. Si soy honesta, si me pongo en el lugar de Jesús, imagino que, en nueve de cada diez ocasiones, estaría ofreciéndoles mis últimas palabras a los discípulos, o preparándolos a todos para lo que estaba por venir.

En los evangelios, se estima que Jesús se apartó de las personas que amaba en cuarenta y una ocasiones, por una razón u otra. Cuarenta y una fueron las veces que se retiró para estar en soledad, dijo que no o tan solo no se quedó, incluso cuando el principal propósito de su venida a la tierra era buscar y salvar a estas personas.

No puedo deducir de esto que Jesús fuera una persona excesivamente rígida, poco amable, insensible y fría. Todo el evangelio me dice lo contrario. Por eso, debo leer entre líneas para aprender una verdad completamente nueva, una que no se predica a la mayoría de las mujeres.

Es totalmente posible cuidar de las personas sin dar por sentado que debemos cargar con sus problemas. Esto se aplica también a la carga mental que aceptamos como si fuera nuestra.

Mientras escribía este libro, un puñado de amigos muy cercanos estaba atravesando experiencias muy traumáticas. En mi intento de estar a su lado, presente en sus vidas, enfrenté el desafío de encontrar mi autonomía mental. Cuando no estoy con ellos, a menudo siento una culpa instintiva por no pensar en ellos. O cuando estoy con ellos, me veo operando bajo la suposición de que es mi responsabilidad darles el mejor consejo y resolver cada uno de sus conflictos.

Esto es lo más interesante: si tomara esta hipótesis como verdad y creyera que amar a mis amigos equivale a resolver todos sus problemas y pensar en ellos constantemente, en realidad tendría dos problemas. El primero es que estaría cansada mentalmente, y sería incapaz de llevar adelante mi propia vida. El segundo es que, en última instancia, mis amigos podrían sentir que no son seres amados por mí, sino tan solo proyectos que tengo que resolver o problemas que debo solucionar. Además, aunque usara en cada situación mi propia energía mental para traer la sanación a sus vidas, su deseo tal vez solo sería que me sentara con ellos y le hiciera espacio a su duelo.

Esto ni siquiera toma en cuenta el peso aplastante de la tensión mental que nos provoca ser parte de una sociedad demasiado conectada y comunicada. Hace cincuenta años, nuestros abuelos no tenían la opción de saber lo que estaba ocurriendo política, social, relacional y financieramente en todos los lugares y en todo momento. No odio la tecnología y no quiero enterrar mi cabeza en la arena, pero me doy cuenta del enorme costo que representa el acceso a la información para nuestros cerebros. La mayoría de nosotros no podemos discernir lo que nos corresponde atender y lo que no, cuando la cultura nos dice que debemos mantenernos al tanto de todo al mismo tiempo.

La codependencia es una condición emocional y comportamental que afecta la capacidad de una persona para tener una relación saludable y fructífera. El problema de la codependencia gira en torno al obstáculo del *enredo*, una palabra utilizada para describir lo que sucede cuando una persona pierde el contacto con los límites de su identidad en relación con otras personas. Cuando un individuo se entrelaza tanto a una o más personas, comienza a perder el sentido de sí mismo, su autonomía. La codependencia se manifiesta de distintas maneras en un espectro amplio, que va desde sentirse responsable de resolver los problemas de otras personas hasta valorar las opiniones de los demás por encima de las propias.

La codependencia se desarrolla a partir de una miríada de situaciones difíciles, como haber crecido en un entorno negligente o sobreprotector, haber padecido traumas, haber pasado por un divorcio y, sin duda, haber sufrido cualquier tipo de abuso. Todo esto cobra sentido cuando consideramos que, en estas situaciones, los límites entre una persona y otra son difusos hasta el punto de confundirse en un enredo.

Comparto todo esto para afirmar dos ideas: primero, si crees que tienes problemas de codependencia, te aseguro que no es tu culpa y hay ayuda disponible. Tu cerebro y tu comportamiento se desarrollaron según las dificultades que enfrentaste, para responder a ellas, pero tu cerebro puede establecer nuevas vías neuronales y tú puedes aprender comportamientos nuevos y saludables. Este podría ser un buen momento para encontrar un terapeuta especializado en trauma o leer un poco sobre la codependencia desde una perspectiva profesional. Compartiré algunos de mis recursos favoritos al final de este libro.

Imagino que en las relaciones de todos nosotros hay algún grado de codependencia, lo que resulta en el cansancio físico y espiritual. Sin embargo, nuestra vida mental es la base desde donde podemos establecer límites y recuperar la autonomía. Puedes ser tú misma, esa persona imaginada por Dios, con tus propios pensamientos, opiniones, historias y perspectivas. Si estás mentalmente agotada porque estás siempre pensando en los problemas, el bienestar y la aprobación de los demás, creo que hay mucha libertad y descanso disponibles para ti. En el próximo capítulo, hablaremos de distintas maneras prácticas en las que podemos cuidar de los demás, sin intentar cargar con ellos, pero por ahora quiero que te sientas esperanzada. Quizás haya mucho trabajo por hacer en este aspecto, tal vez esta sea un área en la que necesites mucha sanación, pero eso significa que hay mucho alivio por delante. Ver el problema significa que hay esperanza de solucionarlo. Sigamos adelante.

Solo voluntarios

Creo que hay prácticamente una cita de *El ala oeste de la Casa Blanca* [*The West Wing*] para cada problema. Por eso, mientras hablamos sobre el tema de la distracción, voy a ir directo a una de mis favoritas.

En un episodio, cuando Sam (el redactor de discursos adjunto) está nervioso por un libro revelador que está a punto de publicarse sobre la Casa Blanca, C.J. Cregg (la directora de comunicaciones) le dice lo siguiente: "Déjame decirte algo que he aprendido en todos estos años. Hay víctimas de incendios. Hay víctimas de accidentes automovilísticos. En este tipo de asuntos, no hay víctimas, solo voluntarios".[5] Las palabras de C.J. apuntan a señalarle a Sam que se estaba preocupando de manera voluntaria por algo que no podía controlar. Creo que a menudo nosotros nos distraemos de manera voluntaria, o al menos, aceptamos hacerlo con frecuencia.

Recuerdo mi sorpresa la primera vez que vi ese episodio (no quieras saber cuántas veces lo he visto desde entonces). Casi derramo el café que estaba bebiendo.

Hay ciertas formas del cansancio de las que no podemos escapar en esta vida. En mi caso, no puedo hacer mucho más que resistir y responder de la manera más saludable posible, pero me entrego de manera voluntaria a algunos aspectos de mi cansancio, especialmente de mi cansancio mental, como, por ejemplo, permitirme vivir distraída.

Trabajar distraídos reduce nuestra eficiencia, conducir distraídos nos vuelve peligrosos, intentar amar a los demás mientras estamos distraídos nos deja frustrados con nosotros mismos. Nuestra mente y nuestra alma están sufriendo porque nos hemos acostumbrado demasiado a tener un millón de ventanas abiertas en nuestro cerebro.

Una vez más, nos adentraremos en las prácticas para corregir esto en el próximo capítulo, pero por ahora, reconozcamos nuestra contribución a esta arremetida del cansancio mental. Nuestro cansancio obedece a los efectos de vivir en un mundo imperfecto y caído, pero buena parte de él se debe a que permitimos que nos empujen y arrastren mentalmente.

Nuestro cerebro está cansado porque está sobreestimulado, obligado a hacer múltiples tareas cuando no fue diseñado para ello, carga con más problemas y tensiones de los que puede soportar, y enfrenta constantes distracciones de lo que es importante. No iniciamos esta pelea ni causamos estos problemas, pero no tenemos que rendirnos frente a ellos.

La pregunta una vez más es esta: ¿estamos lo suficientemente cansadas de estar cansadas? ¿Preferiríamos seguir así o dejar de vivir con el cerebro quemado? Creo que hay mucha esperanza por delante para nosotras. Además, creo que hay una paz profunda que supera el entendimiento humano si nos empeñamos en alcanzarla.

Preguntas para la reflexión

1. Hablando metafóricamente, ¿la tierra en tu frasco sigue arremolinada o empieza a asentarse?
2. ¿Qué factores te llevan a sentirte sobreestimulada?
3. ¿Con qué frecuencia haces varias cosas a la vez y eso te beneficia?
4. ¿Has experimentado la diferencia entre cuidar y cargar?

Síntomas de cansancio mental en nuestra vida

- Dolores de cabeza por estrés
- Dificultad para dormir
- Sentirse confundida o atrasada
- Desconexión emocional
- Memoria o función cognitiva deficientes
- Sensación de pánico o ansiedad

Versículos para meditar

2 Timoteo 1:7

Porque no nos ha dado Dios un espíritu de cobardía, sino de poder, de amor y de *dominio propio*. (RVC, énfasis añadido)

Salmo 34:17
Los justos gimen, y el Señor los escucha
y los libra de todas sus angustias. (RVC)

2 Corintios 1:3-4
Bendito sea el Dios y Padre de nuestro Señor Jesucristo, Padre misericordioso y Dios de toda consolación, quien nos consuela en todas nuestras tribulaciones para que, con el mismo consuelo que de Dios hemos recibido, también nosotros podamos consolar a todos los que sufren.

Diez

Cansancio mental
"La paz es mi derecho de nacimiento"

Tengo muy pocos versículos de la Biblia memorizados. Sin embargo, guardo las ideas de muchos pasajes de las Escrituras en mi corazón y puedo parafrasearlas de manera adecuada cuando es necesario, aunque no pueda recitar los versículos palabra por palabra.

Isaías 26:3 es una de las excepciones.

Lo digo en partes como una oración siguiendo el ritmo de mi respiración, como una promesa que puedo repetir desde el corazón de Dios al mío.

Para mí sería algo así:

Inhalación profunda: "Tú guardas..."
Exhalación profunda: "en completa paz..."
Inhalación profunda: "a quien siempre..."
Exhalación: "piensa en ti..."
Inhalación profunda: "y pone en ti su confianza".[1]
Exhalación profunda: "Amén".

Cuando mi esposo estaba internado por problemas del corazón, cuando mi hijo estaba luchando contra la depresión, cuando espero una respuesta en un tenso intercambio de correos electrónicos, cuando el tanque del auto se queda casi vacío a cinco millas de una gasolinera...

Ya se trate de una situación difícil y aterradora o tan solo del estrés cotidiano, vuelvo a esta promesa de nuestro Padre: Él nos guardará en perfecta paz siempre que pensemos en Él.

He aprendido con el tiempo que vivir en perfecta paz no siempre significa sentirse totalmente en paz. Sin embargo, el efecto sobrenatural de conocer al Dios que te creó, que te ama, que te sostiene y se preocupa más por tu vida de lo que tú jamás podrías, trae un consuelo que trasciende nuestra comprensión.

Quizás hemos olvidado quiénes somos.

Casi siempre es un problema de identidad. Ahora me resulta hasta un poco gracioso pensar que muchas de nuestras luchas y fortalezas espirituales están arraigadas en una comprensión errada de nuestra identidad.

Te sientes insegura: eso es un problema de identidad. Olvidamos que somos hijas del Dios Altísimo, amadas y diferenciadas para su gloria.

Estás enojada y amargada con la gente de tu comunidad: es un problema de identidad. Olvidamos cuánto hemos sido perdonados, olvidamos que nuestra identidad radica en recibir gracia abundante y dejamos de perdonar a los demás.

Estás debatiéndote por tomar una decisión: ¡identidad! Olvidamos que como sus hijas podemos pedirle consejo cuando lo necesitemos, sin tener ninguna duda de que Él responderá.

Debemos modificar la comprensión de nuestra identidad en el reino para liberarnos del cansancio mental. He aquí la razón: la paz que sobrepasa todo entendimiento es nuestro derecho de nacimiento como hijos e hijas de Dios. Es su promesa para aquellos de nosotros que mantenemos nuestra mente concentrada en su bondad. Y es una promesa que podemos reclamarle tanto como lo necesitemos.

La paz mental fue adquirida en nuestro nombre con el cuerpo y la sangre de nuestro Salvador. Es nuestra para tomarla y reclamarla, pero hacerlo significará romper con la cultura que glorifica el estar ocupadas y nos dice que las mujeres fuertes lo cargan todo, siguen adelante a cualquier costo y son accesibles en todo momento.

Abrazar la paz que es nuestra significará dejar de lado las etiquetas con las que nunca debimos estar de acuerdo:

"Soy un desastre".
"Tengo cerebro de mamá".
"Estoy hecha un manojo de nervios".
"Soy tan estúpida".
"Mi cerebro está quemado".

Antes de que podamos adoptar las prácticas que nos ayudarán a combatir la fatiga mental, lo más fructífero que podemos hacer es alinearnos con lo que es verdad sobre nosotras. Nuestro cerebro fue bien creado por un Padre que nos ama y nos quiere íntegras. Nuestra mente ha sido dotada con la capacidad de interactuar con el Espíritu que trajo el amor de vuelta a la vida. Y nuestro Amigo y Salvador les dijo esto a sus amigos justo antes de que su muerte abriera camino a nuestra resurrección:

> La paz les dejo, mi paz les doy; yo no la doy como el mundo la da. No dejen que su corazón se turbe y tenga miedo.
> (Juan 14:27, RVC)

Las palabras que Jesús dijo entre la Última Cena y el huerto de Getsemaní son muy significativas para nuestra identidad. No nos hablan solo de lo que Él les entregó a los que estaban a su alrededor, sino también de aquello a lo que tenemos acceso mientras vivimos bajo los efectos de este mundo caído e imperfecto.

Esta es nuestra herencia. La paz es nuestro derecho de nacimiento en la familia de Dios. No fuimos hechos para vivir en constante confusión, desorientación y desconcierto. Entonces, ¿por qué no estamos operando desde esa plenitud mental que es nuestra y está a nuestra disposición?

Necesitamos un tercer camino

Encuentro que dos son las perspectivas más populares sobre nuestro estado mental dentro de la iglesia. Desafortunadamente, no me parece que ninguna sea muy abarcadora o útil, aunque entiendo la razón que llevó a las personas a adoptar estas perspectivas.

Llamemos al primer enfoque "negación espiritual". Por amor y honor a Dios, muchos cristianos han creído que los problemas de salud mental (así como tantos otros de salud física) fueron derrotados en la cruz de Cristo, y que la resurrección consiguió para nosotros la sanación física, completa e inmediata. Creo que las personas que adoptan el enfoque de la negación espiritual quieren glorificar a Dios, pero la intención y el efecto, a menudo, no son lo mismo.

La cuestión teológica de por qué y cuándo Dios sana aquí en la tierra, y cuándo no lo hace, es compleja. Fue compleja incluso para Jesús, quien dejó personas sin sanar mientras ejercía su ministerio y respondía las difíciles preguntas sobre la causa de sus dolencias. Entonces, mientras nos mantenemos firmes en nuestro respeto y devoción a Dios y en nuestra creencia de que Él puede sanarlo todo y ama profundamente a sus hijos, podemos distanciarnos un poco para ver que a veces Él permite sufrimientos físicos (y mentales) aquí en la tierra. De hecho, nos recuerda con su Palabra que su poder, a menudo, se manifiesta mejor en nuestra debilidad.

El alcance de esta teología es amplio y afecta muchas áreas de nuestra vida. Aun así, quiero resaltar un efecto específicamente relacionado con nuestro cansancio mental. Esta negación espiritual a menudo se manifiesta en el rechazo a reconocer los efectos que este mundo caído tiene en nuestro cerebro, bajo la forma concreta de la ansiedad, la preocupación, el miedo y la confusión.

La negación espiritual dice que cuando hay fe no hay espacio para el sufrimiento. La negación espiritual dice que no tendremos miedo o preocupaciones si confiamos lo suficiente en Dios. Sin embargo, una perspectiva más amplia nos mostrará con frecuencia que la fe y la creencia a las que nos aferramos en medio de nuestro dolor, nuestra ansiedad y nuestra confusión son más firmes de lo que podríamos imaginar.

En pocas palabras, cuando veo a las mujeres confiar en Dios en medio de su cansancio mental y sus aflicciones, me siento muy inspirada y alentada por la fe inmensa que se necesita para confiar en su sanación definitiva mientras ellas todavía viven bajo los efectos de este mundo caído. Negar la existencia de nuestra fatiga mental y sus consecuencias no significa tener madurez espiritual, sino, más bien, negar uno de los espacios en los que podemos ver a Dios actuar.

A menudo, cuando nos damos cuenta de la seriedad de los efectos de la negación espiritual, nos inclinamos hacia otro sistema de creencias que también está arraigado en un gran amor, pero no nos satisface. Llamemos a este enfoque "acuerdo terrenal". En este caso, también a menudo motivados por una profunda compasión por los demás (y por nosotros mismos), entendemos la total aceptación de las experiencias terrenales como nuestra nueva y definitiva identidad.

En lugar de experimentar la ansiedad como una condición, dejamos que hable por la totalidad de nuestra identidad y aceptamos la etiqueta de que somos personas ansiosas. En lugar de experimentar los efectos de la enfermedad y el quebrantamiento en este mundo, aceptamos las etiquetas de nuestras enfermedades y personalidades y nos identificamos más con nuestros diagnósticos temporales que con nuestra herencia espiritual.

Un ejemplo de esto sería presentarnos como una persona ansiosa en lugar de una persona que se siente ansiosa. O decir que somos "un manojo de nervios", en lugar de explicar que hemos tenido una semana muy agitada y estamos sobrellevándola. Podría interpretarse como una simple cuestión semántica o como si estuviéramos tratando de convencernos de algo, pero en verdad, lo que decimos sobre nosotras mismas termina siendo lo que creemos sobre nosotras mismas.

Necesitamos un tercer camino. Nuestra vida y nuestras dificultades no son blancas o negras, tienen matices, y una vida vibrante, llena de color, no puede definirse tan solo como "buena" o "mala", "ansiosa" o "llena de fe". Más de una cosa puede ser verdad en el reino.

Necesitamos sentir compasión por la exposición de nuestro cerebro y nuestro cuerpo al quebrantamiento aquí en la tierra, porque nuestro Salvador, sin ninguna duda, viene hacia nosotros con misericordia y bondad. Además, en medio del cansancio mental necesitamos una firme comprensión de nuestra intacta identidad espiritual.

Somos mujeres que sentimos estrés y somos más que vencedoras en Cristo Jesús.

Somos mujeres que sentimos ansiedad, y la paz también es nuestro derecho de nacimiento.

Somos mujeres que sabemos lo que significa preocuparse por aquellos que amamos, y podemos sentir ansiedad incluso mientras profesamos a Cristo como Rey.

No pretendemos que los problemas de este mundo no existen, y tampoco abandonamos nuestra identidad en el reino.

Este acuerdo de identidad es crucial porque esos pequeños cambios que haremos para aliviar nuestro cansancio mental (no dejar que nuestra ansiedad nos defina) no significarán nada si no están arraigados en el cambio más significativo de entender quiénes somos en Cristo Jesús. En palabras más simples, tener como base firme la verdad del reino con respecto a quién es Dios y quién dice Él que somos nos ayudará cuando sea el momento de practicar la verdad en nuestra vida cotidiana.

La paz es nuestro derecho de nacimiento, pero no creo que nuestro Padre nos hubiera prometido una paz que trasciende todo entendimiento si pretendiera que nuestro sufrimiento no es real. ¿Amén?

Silencio y soledad

Cuando un niño (o un adulto inmaduro) te muestra a regañadientes algo que quería ocultar, tal vez arrastre los pies mientras se acerca a ti, aparte la mirada al entregártelo, o suelte algún gruñido mientras te entrega lo que le pediste.

Eso hacen mis hijos cuando no quieren mostrarme sus informes escolares (yo los engañé a ellos, porque la escuela ya me los envió por correo electrónico, pero quería que fueran ellos los que me los entregaran). Es como se comporta mi perro cuando le pido que suelte el pequeño animal muerto que encontró en el jardín. Esa es mi actitud cuando llega el momento de revisar el resumen mensual de la tarjeta de crédito con mi esposo.

También es así como quiero que me imagines ahora mientras te digo lo siguiente: no hay forma de que tú y yo podamos combatir el cansancio mental si no adoptamos alguna práctica de silencio y soledad.

Me propuse escribir un libro para mujeres reales, no solo para aquellas que pueden permitirse retiros de silencio y sesiones de baños de sonido. Me propuse escribir un libro para ayudarnos a adoptar prácticas de descanso real en favor de nuestra alma, nuestro cuerpo y nuestra mente.

Sin embargo, por mucho que busque e investigue otras respuestas, por mucho que me resista a compartir esta información, la verdad es que no podemos combatir el cansancio mental, y más específicamente la sobreestimulación, sin silencio y soledad. A menudo, es en esos momentos de silencio y soledad cuando aprendemos y absorbemos las verdades cotidianas que nos ayudarán cuando la vida sea ruidosa y abrumadora.

Ahora, aquí está la GRAN noticia: el silencio y la soledad son gratuitos. Además, son accesibles, al menos en pequeñas dosis, en distintos momentos, aun si tenemos que luchar por conseguirlos.

Seguiré siendo una persona que disfruta de la compañía, el ruido y la acción. Aún escucho el mismo álbum de adoración a todo volumen mientras escribo cada libro (John Mark McMillan, *Live at the Knight*), y todavía puedo llenar casi cualquier vacío en una conversación con un par de frases rápidas.

Sin embargo, también he llegado (a regañadientes) a apreciar, respetar e, incluso, a amar las prácticas realistas de silencio y soledad. Ahora, a diario, me tomo breves momentos para abrazar el silencio porque es indudable que eso me ayuda a conectarme mejor con Dios y conmigo misma.

Durante mucho tiempo, he viajado para enseñar la Biblia y preparar a mujeres, y en cada viaje he llevado a alguien conmigo (mi esposo, un hijo, un asistente o una amiga) porque detesto estar sola. Hasta que hace unos años, una serie de extrañas circunstancias me dejó en Wisconsin, durante un viaje de trabajo de tres días, sin acompañante y con una sola conferencia a la que asistir.

Entré en pánico cuando me dejaron en el hotel y me di cuenta de que estaría casi siempre sola durante los próximos días. Dejé que las olas de la ansiedad golpearan mi cuerpo, y luego me dije en voz alta: "Está bien, Dios, ¿qué quieres hacer?". Durante las siguientes setenta y dos horas, me sorprendió que, una vez que pasó el shock y el miedo, pude sentir la presencia de Dios como nunca antes. Podía escucharme pensar y revisar emociones complejas que había estado guardando durante meses, y estaba teniendo una visión entusiasta sobre el futuro de mi vocación y mi negocio.

No experimentaba el vacío de la falta de compañía o de ruido, sino la grandeza de Dios en el silencio y la soledad.

Quizás te encante estar sola; tal vez la soledad es tu realidad más frecuente y no puedes relacionarte con mi reticencia a ella; o tal vez no tienes tanto miedo del silencio como yo, pero te das cuenta de que con frecuencia buscas llenarlo.

Es interesante que muchas de nosotras mantenemos una vida ruidosa y sobreestimulada a causa de un miedo genuino. Tenemos miedo de las verdades que descubriremos sobre Dios o sobre nosotras mismas, o simplemente tenemos miedo de detenernos.

Por eso estoy aquí para informarte, como alguien que se ha convertido al silencio y la soledad, que abrazar prácticas de quietud, cuando podemos hacerlo de una manera saludable, no solo nos ayudará a combatir la fatiga mental, sino también a descubrir la maravilla y el misterio de Dios de maneras que nunca anticipamos. Es normal tener miedo, pero no está bien seguir aumentando el ruido en tu vida y no escuchar la invitación sagrada a la presencia de Dios.

Algo importante a tener en cuenta aquí, sin embargo, es que no siempre estamos en momentos donde el silencio y la soledad son lo más saludable para nosotros. Si estás luchando contra la ansiedad o la depresión, cuando la introspección puede ser perjudicial, no debes avergonzarte de reservar esta práctica para cuando resulte revitalizante. Tu seguridad y bienestar están primero, y creo que nuestro Padre estaría totalmente de acuerdo. En este caso, la prioridad debe ser buscar ayuda profesional o pasar tiempo en una comunidad con la que te sientas segura para procesar tus conflictos.

Por suerte, podemos pedirle a Dios la sabiduría de decidir lo que es mejor para nosotros y seguir la guía del Espíritu Santo para saber si este es el momento de hacer del silencio y la soledad prácticas regulares. Solo cuando sientas que es apropiado para ti, puedes implementar algunas de las ideas a continuación para comenzar una práctica realista de silencio y soledad:

- Apaga los podcasts y la música cuando estés sola en el auto. En su lugar, reza e invita a Dios a que te hable.
- Saca tu teléfono de tu dormitorio y consigue un reloj despertador. Luego, desactiva tu teléfono mucho antes de la hora de acostarte para que tu mente disfrute de un tiempo de tranquilidad; no lo reactives hasta que hayas tenido un momento de silencio por la mañana.
- Cuando estés de viaje con amigas o en unas breves vacaciones con tu pareja, plantea la idea de hacer unas pocas horas de silencio. Cuando vamos de retiro con el personal o con mujeres, e incluso en los viajes con Nick, nos gusta hacer unas pocas horas de silencio juntos la última mañana de nuestra estadía.
- Usa auriculares mientras haces la compra, las tareas de la casa, o ejercicio. Activa el modo Cancelación de Ruido o pon música instrumental relajante.
- Configura el modo No Molestar o pon límites de tiempo en tu teléfono. Úsalos.
- Disfruta la magia de estar unos minutos sentada en tu auto antes de entrar en tu casa, pero en lugar de mirar tu teléfono, haz un momento de silencio.
- Tómate una noche libre de pantallas una vez a la semana, ya sea en familia o tú sola.
- Acostúmbrate a dejar tu teléfono por algún tiempo, siempre que sea posible: cuando vas a caminar, cuando

llevas a los niños al parque, cuando paseas por el centro comercial, cuando entras a la iglesia o cuando comes en un restaurante. Te sorprenderá cuántos momentos de silencio y soledad surgen cuando estás sin el teléfono. (Bonus: estar sin nuestros teléfonos ayuda a combatir el sentimiento de codependencia de que debemos estar siempre disponibles para todos.)

Deja que la pasión se haga oír

Cuando se trata de descansar y combatir el agotamiento, me gusta equivocarme por agregar más que por quitar. En mi personalidad y mi visión del reino de Dios, priorizar la adición sobre la sustracción hace la vida más plena.

Entonces, aunque el silencio y la soledad parezcan una sustracción, creo que son una adición, ya que amplían el espacio para el poder y la presencia de Dios.

De la misma manera, nuestra próxima práctica para combatir el cansancio mental se centra en la adición. Agreguemos una concentración apasionada a nuestra vida. En el capítulo anterior, hablamos sobre el mito de la multitarea y su efecto negativo. ¿Qué pasaría si nuestros esfuerzos para combatir la multitarea se concentraran más en aumentar nuestra pasión por lo que realmente importa?

Me encanta la versión de la Biblia en inglés común (CEB por sus siglas en inglés) de Romanos 12:11: "No dudes en ser entusiasta; ¡sé ardiente en el Espíritu mientras sirves al Señor!".

La mejor manera de vencer la tentación de la multitarea es concentrar nuestra atención en lo que importa y dejar que despierte la pasión por lo que tengamos entre manos. Cuando desatamos las pasiones que Dios nos ha dado, más allá de las convenciones culturales, resistir la tentación de la multitarea es mucho más fácil.

Una cosa que nos impide entregarnos por completo a nuestra pasión y nuestro propósito es la expectativa cultural de que, como mujeres, debemos medirnos: ya sabes, deberíamos ser tranquilas y relajadas y moderar el entusiasmo y la emoción. ¿Y si ese celo y esa devoción son un regalo de Dios para ayudarnos a estar completamente presentes y despiertas en la tarea mental que nos espera?

¿Qué pasaría si hicieras espacio para que la pasión desatada provoque en ti la concentración, ya sea en tu trabajo, tu familia, tu comunidad, tu hogar, tu proyecto, tu actividad física o, incluso, tu descanso? ¿Qué sucedería si enfrentases el miedo que te impide zambullirte en lo que te importa y, en cambio, te arriesgaras a concentrarte en tu aquí y ahora? ¿Es posible que al despojarte de todas las cosas secundarias puedas tener aún más capacidad y pasión por lo que realmente importa? De esta manera, ¿es posible que menos sea más?

Una de mis frases favoritas (y el título de un libro que escribí) es "llevarlo demasiado lejos". Cuando se trata de tu agotamiento mental, la llamada no es a disminuir tu pasión sino a *enfocar* tu pasión en tu propósito; solo deja que tu pasión aumente tu propósito en tu búsqueda actual. Luchemos contra la multitarea con un fervor descomunal y comprobemos si procesar, sanar y avanzar no se vuelven más asequibles para nuestro cerebro.

Aquí tienes algunas ideas para practicar un enfoque apasionado:

- Antes de comenzar tu día, revisa tu agenda con Dios y medita sobre su importancia.
- Pide a Dios que te ayude a ver a los demás (tus compañeros de cuarto, tus colegas, tus hijos o las personas a las que ayudas en el trabajo) como Él los ve.
- Escribe una breve declaración de propósito para áreas de tu vida que a veces te distraen del que Dios te ha

encomendado, sin importar cuán saludables sean (por ejemplo, redes sociales, pasatiempos, comunidades, etc.).
- Cronometra tu trabajo en proyectos pequeños o crea sistemas de recompensas para fomentar la concentración plena en las tareas. Ejemplos: "Voy a tomarme veinte minutos para mimar a mi hijo sin distracciones"; "Voy a dejar mi teléfono por dos horas para leer este libro"; "Cuando termine de escribir dos mil palabras para este libro, me prepararé una rica taza de café".

Conclusión: No reduzcas la pasión para aumentar la concentración. Encontraremos mucha salud mental y descanso cuando consigamos enfocarnos plenamente en las áreas que podamos, cuando sea posible.

Déjalo en la taquería

—Dejémoslo en la taquería —dijo Nick. Él estaba en la puerta de entrada, con nuestro perro atado y listo para irse. Era viernes, y estábamos haciendo todo lo posible por respetar el *sabbat*. En realidad, Nick lo estaba intentando, y yo resistiéndolo.

A unas ocho calles de nuestra casa, hay una tiendita llamada Torres Superettes. Si pasas en auto, tal vez no la veas. Tiene rejas en la ventana y un letrero despintado que anuncia que allí puedes comprar billetes de lotería, pero dentro de Torres Superettes están los mejores tacos del mundo, preparados por una pequeña familia que hemos llegado a amar. Mi taco favorito es al pastor, pero mis hijos prefieren el de carne o el de pollo.

Los tacos son de primera, auténticos y deliciosos. No hay nada mejor que una caminata a la taquería en un cálido día en

Charleston, razón por la cual Nick decidió que ahí debíamos dejar nuestros problemas.

Los viernes, día que Nick y yo habíamos elegido para nuestro *sabbat* en esa época, mientras caminábamos a Torres Superettes, conversábamos sobre nuestras preocupaciones. Así que Nick inventó este pequeño juego de "dejarlo en la taquería". El "lo" era cualquier problema que estuviera robando mi paz mental en el *sabbat*. A veces era una situación en el trabajo o en la iglesia. Otras era algún temor relacionado con uno de nuestros hijos, una discusión o conflicto con un amigo, o una sensación persistente de derrota o miedo.

En el camino a la taquería ventilábamos nuestras preocupaciones. Luego, una vez que emprendíamos el camino de regreso, nos prometíamos pasar a otra cosa si la preocupación resurgía.

John Eldredge llama a esto "desapego benevolente" en su libro *Recupera tu vida*. Esto es lo que dice sobre esa práctica:

> Los adultos maduros han aprendido a crear una distancia saludable entre ellos y aquello con lo que se han enredado. De ahí la palabra "desapego". Significa desenredarse, salir del estancamiento; significa despegar el velcro con el que una persona, una relación, una crisis o un problema global se ha adherido a ti. O tú a él. El desapego significa poner una distancia saludable. Las redes sociales sobrecargan nuestra empatía. Por eso utilizo la palabra "benevolente" al referirme a este tipo necesario de desapego, porque no estamos hablando de cinismo o resignación. Benevolente significa amable, algo hecho con amor. Jesús nos invita a una forma de vivir donde nos sentimos genuinamente cómodos al entregarle las cosas a Él.[2]

En un sentido práctico, Nick y yo utilizamos una oración que también escuchamos de John Eldredge para vivir esto de manera efectiva: "Padre, te entrego todo y a todos".[3]

Cuando irrumpe el pensamiento, cuando aparece la preocupación, cuando me siento tentada a creer que soy responsable del bienestar, la salud, la integridad y la felicidad de todas las personas en mi vida, digo: "Padre, te entrego todo y a todos".

La acción física de decir esta oración (a menudo en voz alta) ayuda a que mi corazón acepte la buena noticia de que no soy Dios. No puedo amar a las personas tan bien como Él. No puedo resolver todos sus problemas. No puedo satisfacer todas sus necesidades. A menudo, no les sirve que piense en sus problemas, y para ser honesta, rara vez preocuparme o estresarme por mis propios problemas me beneficia.

Formas de practicar el desapego benevolente:

- Encuentra tu propia taquería. Elige un lugar al que puedas ir, si es cercano, mejor, donde puedas dejar (figurativamente) tu estrés mental cuando sea momento de descansar.
- Escribe más de lo usual, como una forma de oración para cuestiones particularmente preocupantes o esenciales. Por ejemplo, cuando uno de mis hijos tiene problemas, escribo y recito una oración que me ayuda a acceder a mi interior para pedirle a Dios alivio y confesarle mi impotencia.
- Usa listas para descargar tu cerebro y formular tus oraciones. Por ejemplo, cuando mi mente se siente sobrecargada de problemas, enumero todo lo que me agobia y luego rezo siguiendo esa lista y se la ofrezco a Dios para que me ayude.
- Para preocupaciones sobre asuntos complejos, escribo en mi diario y me hago tres preguntas:

1. ¿Me ha pedido Dios que me ocupe de este problema?
2. ¿Qué puedo hacer para ayudar a resolverlo?
3. ¿Qué promesas puedo reclamarle a Dios mientras espero a que Él me brinde alivio?

Practicar la presencia

Todos somos propensos a la distracción, y es fácil que nos enredemos en ella. Cuando hablamos con nuestros hijos, los teléfonos suenan cerca. Cuando se supone que debemos estar trabajando en un proyecto importante, un millón de tareas menores amenazan con arrebatarnos nuestra concentración. Cuando pasamos tiempo con Dios, cualquier cosa puede desviarnos de la práctica de estar presentes con nuestro Padre. Evitarlo es un verdadero esfuerzo para todos nosotros.

¿Sabías que es científicamente imposible vivir siempre en el presente? Debido a que nuestro cerebro procesa en todo momento los lugares, los sonidos, los olores y los sentimientos del segundo o milisegundo que acabamos de vivir, siempre estamos viviendo en el pasado, distraídos del presente. Así que estás perdonado por no obsesionarte con vivir en el presente. Si tu condición natural no es la de oler cada flor o disfrutar la sensación de la lluvia primaveral sobre tu piel, estás en el lugar correcto.

La mayoría de nosotros gravitamos hacia el futuro o el pasado, e imaginamos o reproducimos uno u otro. Prestarle plena atención al presente no siempre nos resulta natural por distintas razones.

He aprendido tres tácticas que me ayudan a practicar estar presente de una manera que hace que mi mente se sienta más tranquila, descansada, y mucho menos agobiada por perderse lo que está sucediendo:

1. Prestar atención
2. Agradecer
3. Aceptar lo que es aquí y ahora

Ya sea durante una rápida revisión de mi corazón en las horas tempranas de la mañana, unas vacaciones familiares, una reunión estresante en el trabajo o un encuentro religioso en una conferencia de mujeres, quiero vivir en el presente y estar plenamente despierta aquí y ahora. Asumo que tú también lo haces. Así gastaremos menos energía en procesar lo que ocurrió y conservaremos fuerza y vitalidad para lo que está por venir.

1. *Préstale atención a lo que está sucediendo.* Haz uso de tus cinco sentidos para captarlo y disfrutarlo. ¿Cuál es la sensación de esa pila de papeles en tu mano durante la reunión? ¿Cómo huele ese plato que estás cocinando? ¿Qué colores observas en el paseo con tu amiga? ¿Cómo se siente el suelo bajo tus pies mientras rezas en la iglesia? ¿Cómo suena la risa de tu niño pequeño mientras le haces cosquillas antes de dormir?

    Puedes estar en el presente cuando le prestas atención. Ahora bien, para que tu mente participe de manera significativa, lleva esto más allá de lo literal. Nota cómo te sientes, dónde van tus pensamientos cuando te distraes, cómo percibe tu espíritu el espacio en el que estás, y qué puede estar sucediendo bajo la superficie.
2. *Di gracias y expresa tu gratitud.* Para que nuestra mente practique la propia presencia y la presencia de Dios, podemos vivir según el Salmo 16:6 y declarar que el predio que nos ha tocado es un bello lugar para nosotros. Piensa en las cosas por las que estás agradecida y guarda una lista de ellas en tu teléfono, enuméralas en tu cabeza mientras rezas o díselas en voz alta a una amiga.

3. *Acepta lo que es aquí y ahora.* Nuestro cerebro se esfuerza tanto en rumiar el pasado o saltar al futuro que termina exhausto porque no solemos amar lo que estamos experimentando en el presente. En su lugar, deseamos que fuera como solía ser, o esperamos que cambie en el futuro.

Sin embargo, una manera en la que podemos recuperar algo de energía mental es aceptar las cosas tal como son en el presente, sabiendo que el poder de Dios se perfecciona en la debilidad y que lo milagroso a menudo se encuentra en lo mundano.

Estoy muy agradecida de que tengamos un Padre que se compadece de nuestro cansancio mental y nos ofrece formas simples y sobrenaturales para superarlo.

Acepta que la paz es nuestro derecho de nacimiento.
Abraza los momentos de silencio y soledad.
Elige apasionarte por lo que es importante en nuestras vidas.
Aléjate con benevolencia de creer que debemos resolver todos los problemas como si fueran nuestros.
Y practica estar presente en tu propia vida.

Luchar contra el cansancio mental no *siempre* es tan simple, pero con frecuencia lo es. Hagamos las cosas simples y pequeñas que pueden traer descanso y paz a nuestra mente.

Consejos para el ahorro de energía mental

- Utiliza listas para descargar tu cerebro (escribe durante un minuto todo lo que tienes en la mente) para descubrir lo que está bloqueando tu energía.

- Cronometra el tiempo para concentrarte en realizar o terminar las tareas, y juega con recompensas para crear satisfacción cerebral cuando termines.
- Define días u horarios para ocuparte de determinadas tareas, preocupaciones o responsabilidades y así no vivir como si tuvieras que hacer todo al mismo tiempo.
- Descansa de las redes sociales o los medios de comunicación cuando lo necesites.
- Activa el acuse de recibo para correos electrónicos y mensajes de texto; ábrelos solo cuando tengas tiempo para responderlos.
- Acostúmbrate a tomarte tiempo para decidir.
- Bloquea sitios o aplicaciones que te resulten distractivos para contrarrestar el impulso innato de abrir o visitar esas páginas.

Lo que las mujeres tienen para decir

A veces siento que mi mente funciona a toda máquina y no puedo hacer que se detenga. Armar horarios, planificar cada cosa, asegurarme de no dejar pasar ninguna oportunidad, y tratar de satisfacer las necesidades de todos es agotador. Si a eso le sumo el tiempo, muchas veces excesivo, que paso en las redes sociales, mi mente no tiene respiro. Las herramientas prácticas de Jess me han ayudado a reducir el ruido de la vida para que pueda escuchar con mayor claridad la voz de Dios. Su voz habla de paz y me lleva a verdaderos lugares de descanso y renovación. Al "fijar mi mirada en Él", puedo concentrarme en las cosas más importantes, entregarle a Él aquello que no estoy llamada a cumplir, y descansar en la confianza de quién es Él y lo que puede hacer.

Lanessa, 43 años, pastora, esposa de pastor y mamá

Once

Cansancio emocional
"No puedo más"

Hasta donde recuerdo, he participado activamente en nueve iglesias diferentes. Seré honesta contigo: nunca he trabajado de manera casual en ninguna iglesia. Soy una persona muy comprometida, así que en las nueve iglesias de las que fui miembro conocía bastante la estructura de liderazgo y lo que significa florecer como seguidora de Jesús en ese entorno eclesiástico.

Me entristece decirlo, pero de esas nueve iglesias, tal vez solo dos o tres se ocupaban de la forma en que Dios trabaja en nuestras emociones y a través de ellas para guiarnos en nuestro proceso de maduración espiritual. También me entristece decir que al menos dos o tres minimizaban la importancia de nuestros sentimientos de una manera que podría resultar tóxica.

Llegamos a una de esas iglesias justo cuando yo estaba recuperándome de una depresión posparto severa, probablemente por segunda vez. Digo "probablemente" porque la primera vez que expresé sentimientos de intensa tristeza después de tener un bebé, nadie en mi comunidad inmediata tenía el lenguaje o la capacidad para reconocer lo que me estaba pasando. Las pocas veces que me atreví a decir que creía estar sufriendo una depresión posparto, me respondieron que tal vez solo estaba cansada o tenía algún desbalance hormonal.

No estoy enojada ni resentida con las personas que desestimaron mis palabras. Todos hacíamos lo mejor que podíamos en ese momento en el que muy pocos cristianos tenían el lenguaje que abre un espacio de compasión para la enfermedad mental, algo en lo que, por supuesto, todavía estamos trabajando.

Pero dos años después de haber tenido otro bebé y haber enfrentado de nuevo esos sentimientos desagradables y fatalistas, mi gente se dio cuenta. No era una simple anomalía que pudiéramos explicar fácilmente; yo estaba sufriendo. Nuestra vida se detuvo, y mi esposo abandonó sus planes inmediatos de fundar una iglesia para tomar un trabajo más estable y poder acompañarme. Mi mamá comenzó a manejar cuatro horas de ida y vuelta un día a la semana para cuidar a mis hijos mientras yo veía a un terapeuta. Mis amigos pasaban a visitarme cuando Nick no estaba. Necesitaba todo ese apoyo y mucho más para salir adelante.

Necesitaba procesar mis emociones y que las personas a mi alrededor les dieran espacio. Necesitaba compasión para mí misma y de los demás. Necesitaba entender lo que estaba pasando con mi cuerpo (hormonas, fatiga suprarrenal, trauma del parto). Necesitaba tiempo y espacio para hablar y procesar heridas del pasado que, al no haber sido sanadas, se convertían en obstáculos y reductos. Necesitaba airear mis sentimientos en lugar de que se volvieran veneno en mi interior, aterrorizada de lo que pasaría si los dejaba escapar.

Así que, un año después, cuando mi recuperación era reciente y debíamos mudarnos y servir en otra iglesia, todavía estaba muy sensible, pero decidida a mantener mi libertad. Sabía que tratar de ajustarme a las normas de la comunidad eclesiástica a la que pertenecíamos había sido parte de mi desmoronamiento. Estaba exhausta de transformarme en la versión de la mujer cristiana que exigía cada nueva comunidad: una mamá de tiempo completo en algunas; una mujer que dedicaba toda su energía a su carrera en otras. Ya no podía hacerlo más, y no lo haría más. Este tenía que ser un tiempo de salud y libertad.

Imagina lo confundida y desanimada que me sentí cuando llevábamos solo unas pocas semanas en nuestra iglesia y descubrí que un grupo de hombres de la comunidad había compuesto una divertida canción sobre las emociones.

—¿Qué hacemos con nuestros sentimientos? —cantaba uno de los hombres.

—¡Los enterramos! ¡Bien abajo! —respondían los demás.

Cuando los escuché, me sorprendió y me preocupé por la clase de congregación a la que acabábamos de unirnos. Aunque no quería causar problemas en este nuevo espacio, supe de inmediato que tendría que nadar contra corriente. Acababa de salir del pozo, después de años de emociones no procesadas que me habían provocado un estado de total agotamiento. Por desgracia, lo que la mayoría de los profesionales (médicos y psicólogos) no nos dicen es que ignorar nuestras emociones no nos da energía; en realidad, nos hace sentirnos mucho más doblegados por ellas.

Repetiremos aquello que no reparemos.

Cargaremos aquello que no confrontemos.

Cualquier intento de reprimir nuestros sentimientos, en última instancia, resultará contraproducente; serán mucho más intensos cuanto más los ignoremos.

No mates al mensajero

Unos años después, cuando nos habíamos mudado de esa comunidad y habíamos fundado nuestra propia iglesia, solía publicar reflexiones espirituales en las redes sociales. Una noche en que me sentía inspirada y algo autocomplaciente, publiqué una imagen con la frase "Los sentimientos son mentirosos", y un epígrafe que hablaba sobre la importancia de las Escrituras y la verdad por encima de las emociones y los sentimientos efímeros. Nunca olvidaré la respuesta honesta y correctiva que recibí poco después de una mujer sabia. Su mensaje, en resumen, me decía que entendía mi intención, pero que la generalización que hacía con mi afirmación era más dañina que útil.

Esa generalización de que nuestros sentimientos son mentirosos era tan perjudicial como la canción que proponía "enterrarlos". El problema no fue que molestara a algunas personas o que no fuera la forma más compasiva de acercarse a las personas al desmerecer sus sentimientos. El problema grave de una publicación así es que se trata de una verdad parcial. Puede que haya sido concisa, pero era solo una media verdad, y las medias verdades no sustentan una buena teología.

Mi afirmación se había basado en la observación de mis pequeños hijos, que se sentían maltratados por tener que dormir siesta, sentimiento que no se condecía con la realidad.

Nosotras no somos niñas pequeñas, y aunque nuestros sentimientos no son verdades absolutas, he dejado de desconfiar de los míos. Ahora, en lugar de juzgar mis emociones como ficticias o reales, me gusta considerarlas como mensajeras. Estas señales electroquímicas, una mezcla de péptidos y el poder de Dios, se despliegan por mi cerebro y mi cuerpo y me alertan sobre mi percepción de lo que está sucediendo a mi alrededor. Las emociones son mensajeros, y ¿cuál es el dicho que tan bien conocemos?

No mates al mensajero.

No culpes a las emociones por existir.

Frente a nuestros sentimientos, tenemos tres opciones: procesarlos, ignorarlos u obedecerlos. Exploremos cada una de estas opciones y su impacto en nuestras vidas.

Lidiar con el elefante de las emociones

¿Por qué esto es importante? ¿Qué tiene que ver con el hecho de que estás tan cansada que ya no puedes más?

El elefante en la sala consume todo el aire.

El elefante en la sala (nuestras emociones que necesitan ser procesadas) nos agota en mente, cuerpo y espíritu.

El elefante en la sala (nuestra ulterior capacidad para usar la percepción que Dios nos dio para descifrar los mensajes de nuestras emociones) nos deja exhaustas de una manera no experimentada antes. Tenemos incluso una frase para describirla: "No puedo más".

En la Biblia, vemos que las emociones no procesadas causan estragos en el pueblo de Dios.

Eva no procesa su duda sobre la provisión de Dios, y peca.

Al comprobar que Eva comió del fruto prohibido, Adán no procesa su decepción, y esta se manifiesta como culpa.

Caín podría haber hecho una rápida evaluación de sus sentimientos antes de asesinar a Abel, impulsado por los celos.

Es difícil no disculpar a Noé por embriagarse, porque el arca y el diluvio fueron *traumáticos*. Quizás alguien podría haberlo hablado con él, o algo por el estilo.

Abram llamó a su esposa, Sarai, su hermana en una tierra extranjera porque tenía miedo y dudas.

David se lamentaba de sus sentimientos, desde la lujuria hasta el miedo y el instinto asesino.

Sin embargo, también tenemos evidencia de emociones de los seres humanos y de Dios, controladas y procesadas, y de su gloria. Vemos muestras saludables de emoción de parte de Dios el Padre, un recordatorio de que estamos hechos a su imagen:

Nuestro Padre honra y ama a sus hijos (Isaías 43:4).
Nuestro Padre tiene compasión (Salmo 103:13).
Nuestro Padre se enoja ante la injusticia (Ezequiel 5:13).

Dios el Padre siente celos por su propia gloria (Éxodo 34:14).

Vemos que nuestro amigo y salvador, Jesús, manifiesta sus emociones y sentimientos.

Jesús muestra piedad por los pecadores justo antes de morir (Lucas 23:34).
Se nos dice que podía sufrir (Isaías 53:3) y gozar (Lucas 10:21).
Era capaz de sentir ira (Mateo 23:33; Juan 2:14-17).

Las emociones en sí mismas no tienen un peso moral innato, pero según las administremos, pueden bendecir o agobiar nuestras vidas.
No me malinterpretes: algunas emociones pueden estar interrelacionadas con el pecado o expresarse mediante acciones pecaminosas. Estoy pensando específicamente en la lujuria o el orgullo. Sin embargo, no podemos asumir que todas son malas y deben ser desestimadas. Sigamos analizando.
La definición de *pecado* es cualquier ofensa contra la ley de Dios. Hay dos tipos de pecado: las cosas que hacemos (comisión) y las cosas que no hacemos (omisión). Aunque sabemos que Jesús no vino para abolir la ley sino para cumplirla, podemos observar las directrices del Antiguo Testamento, o mandamientos, para tener otra visión del pecado original.
Cuando miramos los Diez Mandamientos, el plano original recibido por Moisés para vivir dentro de los buenos límites establecidos por Dios (ver Éxodo 20:1-17), desde el principio vemos algunos pecados potenciales vinculados a los sentimientos.
El ejemplo más sencillo es el de "No codiciarás". El texto completo nos dice que no debemos codiciar la casa, el cónyuge o las pertenencias de nuestro vecino. Solo para que lo

sepas, esto significa que Pinterest y/o las redes sociales son campos minados de posibles pecados para muchos de nosotros, ¿amén? *Codiciar* en hebreo es *chamad*, y significa "desear o complacerse en algo". La buena noticia: pienso que podemos seguir usando las redes sociales si controlamos nuestros deseos. Si dejamos abiertos todos los espacios para la codicia, ¡no tendríamos a dónde ir! Sigamos avanzando juntas.

Mi hermana tiene una casa hermosa, realmente *hermosa*. Hace poco, la foto de su casa fue portada de una revista de diseño y decoración. Amo mi casa, pero las viviendas en mi vecindario tienen menos probabilidades de aparecer en una revista. Para ser honesta, no tengo la habilidad de mi hermana para mantener mi hogar impecable. Ella tiene siete hijos, y te juro que nunca he visto un almohadón fuera de lugar. Es su don espiritual.

Entonces, cuando visito su casa, ¿me siento celosa? Sí. ¿Experimento el deseo de tener esas mismas cosas? Sí. ¿Ese deseo de tener lo que ella tiene me provoca oleadas de resentimiento y amargura en días poco saludables? Sin ninguna duda.

Si de inmediato descarto estos sentimientos como pecaminosos, entonces estoy más propensa a reprimirlos y librarme de ellos tan rápido como pueda. Si en cambio los recibo como mensajeros, podría aprender algo sobre lo que está pasando en mi corazón y lo que necesito hacer a continuación. Los sentimientos pueden ser síntomas o precursores del pecado, pero no son pecaminosos en sí mismos. Los sentimientos negativos son un síntoma de vivir en una humanidad caída, en un mundo imperfecto.

Antes de ir a la casa de mi hermana y sentirme celosa, debo resolver el problema que me aqueja. Puede ser falta de gratitud por lo que Dios me ha dado o quizás necesito descubrir cómo ser paciente en todo momento. Me atrevería a decir, ya que estamos hablando sobre mi pecado, que en este caso es posible que deba resolver en mi corazón si mi tesoro está en la tierra o en el cielo.

Sin embargo, ahora estoy aquí y me siento celosa, y es demasiado tarde para desbaratar la creencia que provoca este sentimiento. La emoción es buena porque también puede guiarme a reaccionar de una manera devota al momento siguiente. Mi diálogo interno podría ser algo así:

¡Vaya, su casa es tan hermosa!
Desearía que mi casa fuera tan hermosa.
¿Por qué ella y no yo?
Uf, ¿de dónde vino esta envidia?
Espera, déjame prestar atención a esto.
¿Qué sé que es verdad?
¿Cómo quiero responder?
Dios ha hecho y siempre hará el bien para mí.
Dios ha trazado los límites de lugares agradables para mí.
Mi tesoro no está en la tierra; está en el cielo.
Además, tengo muchos dones terrenales que no merezco.
Y... la amo. Y quiero lo mejor para ella.
Padre, me arrepiento del modo en que he estado viendo esto.
Gracias por lo que le diste a ella, y gracias por lo que me diste a mí.

Luego, puedo bendecir a Dios y bendecirla a ella y decirle: "Katie, tu casa se ve fenomenal. Y la cuidas tan bien. ¡Enséñame cómo lo haces!".

¿Es un monólogo interior bastante largo? Tal vez un poco. Puede desarrollarse en solo unos segundos. De cualquier forma, la buena noticia es que, cuanto más hacemos el trabajo de prestar atención a nuestras emociones, más breve se vuelve.

Lo más importante que quiero que escuches es que el sentimiento, aun si es negativo, es un mensajero que me alerta de que mi creencia puede ser errónea o muy acertada. Los sentimientos negativos no son de por sí un pecado; son una respuesta física de señales electroquímicas que les advierte a nuestro cerebro y a nuestro cuerpo que vivimos en un mundo caído y en desacuerdo con la perspectiva de Dios. Si de verdad escuchamos su advertencia, los sentimientos pueden convertirse en poderosos indicios para *volver* a alinearnos con Dios.

El Salmo 4:4 lo expresa así: "Si se enojan, no pequen; cuando estén en sus camas examinen en silencio sus corazones". La ira puede estar presente aunque no pequemos por omisión o comisión. Después de la ira, nuestra respuesta a través de la acción es la que puede ser pecaminosa si no estamos atentos.

Usar esta táctica con otras emociones implicaría lo siguiente:

Siente tristeza, pero no desesperes.
Siente alegría, pero no te enorgullezcas.
Experimenta el miedo, pero elige el coraje de todos modos.
Siente tu dolor, pero no creas ni por un segundo que Dios te ha abandonado.
Está bien sentirse frustrada, pero no pierdas la esperanza.

Podríamos seguir y seguir, pero procesar tus emociones de manera saludable a menudo supone experimentarlas, prestar atención de dónde vienen, y permitir luego que la verdad te ayude a atravesarlas.

El cuerpo lleva la cuenta

Como mencioné antes, tenemos la oportunidad de responder a nuestros sentimientos de tres maneras principales: procesarlos, ignorarlos u obedecerlos. Las dos últimas opciones requieren menos esfuerzo al principio, pero causan estragos en nuestra vida, nuestro cerebro, nuestro cuerpo y nuestro nivel de energía.

Podemos ignorar nuestras emociones o "enterrarlas", como proponían aquellos hombres que conocí una vez. Escuchamos una historia así y pensamos que es ridícula, pero todos lo hacemos todo el tiempo. En muchos aspectos, nuestra cultura nos condiciona (especialmente a las mujeres) a fingir que las emociones no existen o que son un lastre. Sentimos vergüenza de llorar (creo que las mujeres no se disculpan por otra cosa que sus lágrimas). Sentimos vergüenza de nuestra ira, cuando a menudo lo que nos enfada es una verdadera injusticia que también enoja a Dios. Sentimos vergüenza de nuestro miedo, como si no fuera la respuesta natural a vivir en un mundo aterrador.

Además, con frecuencia, se nos elogia por vivir vidas desprovistas de emoción. Nuestra cultura aplaude a las mujeres que son imperturbables, tranquilas y despreocupadas. Decimos que las mujeres son fuertes si no rompen a llorar en un funeral, como si llorar invalidara la increíble fortaleza que requiere atravesar un duelo. Las mujeres de negocios que no muestran sus emociones son admiradas por su estoicismo, como si eso fuera un requisito para ser una líder convincente y exitosa. Las madres que nunca reconocen sus propios miedos, frustraciones y necesidades físicas son admiradas, como si Dios hubiera destinado la maternidad a ser un espacio donde nos olvidamos de nuestras propias limitaciones.

El problema de nuestra glorificación de una vida sin emociones es que establece un estándar que nadie puede alcanzar. Ya sea explícita o no la expectativa de que reprimamos nuestras emociones, todas comenzamos a considerarla un ideal.

Si esta teoría no te convence, piensa en la última vez que viste llorar a una mujer frente a otras personas. Ya fueran dos personas o doscientas en la sala, te apuesto que lo primero que dijo mientras las lágrimas se deslizaban por su rostro fue

"Perdón por llorar", "No sé por qué estoy llorando", o "Soy una tonta, perdón". Nos disculpamos instintivamente por nuestras lágrimas porque nos hemos creído la mentira cultural de que seguir adelante e ignorarlas es lo que debemos hacer.

¿Ignorar las emociones es al principio más fácil que hacer una pausa para darles espacio y procesarlas? Claro, toma menos tiempo. Sin embargo, las emociones no procesadas no permanecen inalteradas, sino que se enquistan en nuestra alma y nuestro cuerpo, y terminan costándonos mucho más que el poco tiempo que nos hubiera tomado airearlas y hablar sobre ellas de verdad.

Comencemos por el cuerpo. Les recuerdo que las emociones son señales electroquímicas. Aunque hablamos mucho sobre nuestro corazón como si fuera una entidad invisible, los sentimientos son una experiencia física, científica y perceptible. Nuestro Padre fue muy generoso al darle a nuestro cuerpo distintas formas de liberar esta energía emocional. Piensa en cómo te sientes al darle cabida a las lágrimas, la risa, el movimiento y la comodidad física; o al bailar, retorcer tus manos, caminar de un lado a otro o dar puñetazos al aire cuando las emociones son intensas. Es una liberación, un alivio.

Pero cuando no hay liberación ni alivio, nuestro cuerpo almacena esa energía en la forma de inflamación o tensión. Los estudios han demostrado que el estrés, el dolor, la tristeza y la ira no procesados pueden provocar desde trastornos de la articulación temporomandibular hasta enfermedades del corazón. El bestseller *El cuerpo lleva la cuenta*, del Dr. Bessel van der Kolk, es una magnífica y extensa explicación del efecto del trauma en nuestro cuerpo. Lo que más aprecio del libro es su título, pues valida lo que muchas de nosotras hemos estado sintiendo por un largo tiempo: la emoción no procesada hará estragos en nuestra carne. Nuestros sentimientos y la forma en que los ignoramos nos dejan exhaustas.

Nos enseñaron a esconder nuestras emociones y fuimos elogiadas por hacerlo. Sin embargo, no nos funciona y nos deja más cansadas. Por eso, dejemos atrás este mecanismo poco saludable y honremos a Dios en nuestro noble cuerpo. ¿Amén?

No puedes evitar lo que sientes (quizás sí puedas)

Hace más de quince años, me invitaron a participar en un panel sobre las relaciones en la iglesia. Una de las mujeres del panel dijo algo que me estremeció. No era una idea fuera de lo común, pero me impactó lo suficiente como para que todavía la recuerde hoy. Al contar una historia sobre su vida, afirmó que no podemos controlar de quién nos enamoramos. Se me erizaron los pelos de la nuca, pero no dije nada y seguí participando del panel.

Esto fue a principios de los años 2000, y todas las chicas cristianas que conocía estaban muy preocupadas de enamorarse de alguien que no amara a Dios tanto como ellas o de enamorarse de alguien con quien no pudieran "compartir el yugo". Esta frase proviene de 2 Corintios 6:14, que dice: "No se unan con los incrédulos en un yugo desigual. Pues ¿qué tiene en común la justicia con la injusticia? ¿O qué relación puede haber entre la luz y las tinieblas?". (RVC)

Y aquí esta mujer sabia, a la que amaba y respetaba, les decía que no podían controlar de quién se enamoraban. ¿Dónde estaba el equilibrio? ¿Dónde estaba la verdad?

Por casi dos décadas, he acompañado a muchas mujeres en sus citas y matrimonios, y he aprendido mucho sobre llevar un "yugo desigual", solo que no de la manera que anticipaba. Me sentí en un yugo desigual cuando contraté a alguien para mi negocio que no compartía nuestra cultura o el interés por las mujeres. Me sentí en un yugo desigual cuando hice un entrenamiento diario con alguien que no era un orador vital y entusiasta. Sin embargo, de todas estas situaciones, he concluido que podemos ayudarnos a nosotros mismos cuando nos enamoramos de personas que no comparten nuestra misma pasión por la fe.

Si te sientes atraída por alguien que no ama a Dios, primero debes observar que, al igual que con los celos, es posible que haya una creencia poco útil subyacente a la atracción. En este caso, afirmaría que es nuestra idea de qué es un buen cónyuge o una unión saludable. Si esa creencia no se examina y se reconoce primero, guiará tus emociones. Sin embargo, siempre hacemos una elección.

Al final, creo que esto es lo que más me molestó de la afirmación de esta mujer sobre no poder evitar de quién nos enamoramos. Bien podría haber dicho que no podemos evitar llevar nuestras emociones a nuestras acciones, que nuestros sentimientos de alguna manera hablan de nuestro destino, y esto no es ni cierto ni una buena noticia.

Podemos preguntarnos: ¿es esta relación buena para mí? ¿Quiero actuar sobre mi atracción? ¿Actuar sobre esta atracción me permitirá seguir cerca de Dios, o me alejará?

Si no pudiéramos evitar de quién nos enamoramos, ningún matrimonio tendría esperanza; todos cambiaríamos de pareja como si la vida fuera un episodio largo de *La anatomía según Grey* [*Grey's Anatomy*]. ¿Entiendes a lo que me refiero?

A menudo no podemos evitar nuestras emociones, pero podemos elegir si obedecerlas o no.

Me despierto y me siento molesta por una conversación que tuve con una amiga ayer. Puedo obedecer esa emoción, seguir enfurecida toda la mañana y pelearme con ella la próxima vez que la vea.

Me siento enojada con el tipo que me cortó el paso en el tráfico, y puedo elegir si obedezco la emoción, toco la bocina y suelto una palabrota, y luego me doy cuenta de que va a nuestra iglesia.

Me siento abandonada por Dios y sin esperanza cuando estoy con mi mamá en el consultorio del médico a la espera de un diagnóstico. Puedo obedecer ese sentimiento y dejar que nos gane el pesimismo y la idea de que Él es vengativo y despiadado con nosotras.

Me siento excluida cuando abro Instagram y veo que algunas chicas de nuestro grupo de estudio de la Biblia se reunieron sin mí. Tengo la opción de obedecer ese sentimiento de amargura y por el resto del día rechazar a otros antes de que me rechacen a mí.

Ninguno de estos sentimientos es malo en sí mismo: querer la comunión con los demás, sentir frustración por pequeñas injusticias, desear la integridad y la sanación para aquellos que amamos y anhelar ser amados e incluidos. Sin embargo, tenemos la opción de procesar estas emociones y luego elegir una respuesta acorde a nuestra devoción o una poco saludable.

Esto es muy importante para nosotras que estamos cansadas de estar cansadas, si nuestra respuesta predeterminada es obedecer el impulso poco saludable de nuestras emociones.

Tengo un pequeño tatuaje en mi dedo anular izquierdo que otros solo pueden ver si gesticulo mucho; en cambio, yo puedo verlo todo el tiempo. Está en la parte interna, donde mi dedo anular y el dedo medio se encuentran, y es apenas una línea delgada. Me lo hice para recordar a Mateo 7:13-14: "Entren por la puerta estrecha. Porque es ancha la puerta y espacioso el camino que conduce a la destrucción, y muchos entran por ella. Pero estrecha es la puerta y angosto el camino que conduce a la vida, y son pocos los que la encuentran".

Estas palabras de Jesús me recuerdan que su camino, ese sendero hacia la vida, la salud y la integridad, a menudo implica decisiones más delicadas y deliberadas que el camino que lleva a la destrucción. Lo mismo es válido para nuestras emociones. Reaccionar, responder y obedecer nuestros sentimientos es un ancho camino: encontraremos muchas opciones poco saludables y varios amigos a lo largo del recorrido, pero la destrucción que se agita en nuestra alma y nuestra vida nos dejará exhaustas a cada paso.

No podemos evitar lo que sentimos. No elegimos las emociones que surgen en nuestro cerebro y nuestro cuerpo, pero sí tenemos opciones para reconocer las creencias que produjeron esas emociones, y para responder a ellas después de sentirlas. Tenemos opciones. Elijamos el camino estrecho que lleva a la vida.

¿Qué pasaría si pudieras?

Si queremos combatir el cansancio emocional, el camino estrecho de experimentar nuestras emociones nos llevará a tener más energía y una vida abundante. No podemos reprimirlas o fingir que no existen, y tampoco podemos obedecerlas como si siempre estuvieran enraizadas en la bondad y la verdad.

En el próximo capítulo, presentaremos maneras prácticas y saludables de procesar nuestras emociones, pero quiero ahora darte esperanza si te encuentras en medio del cansancio emocional. Este tipo de cansancio se manifiesta en la falta de motivación, el malestar físico, la desesperación, la apatía, los dolores de cabeza, el insomnio, la ira irracional o tristeza y en muchos otros padecimientos más. Si estos síntomas u otros se han vuelto severos e inevitables, insisto en que veas la página de recursos al final de este libro para obtener ayuda. Permitir que alguien más te acompañe no es una señal de debilidad, sino de sabiduría y honra a Dios.

Quiero compartir contigo una historia sobre lo que me pasó justo antes de buscar ayuda por primera vez.

Cuando estaba en medio de la depresión posparto, no lo sabía. Para agravar esto, tenía emociones no procesadas, que tal vez he tenido a lo largo de toda mi vida, pero la maternidad las acentuó —como si me hubiera arrollado un tren de carga—, y carecía de herramientas o conciencia para afrontarlas. Mi último bebé tenía poco más de un año, pero también tenía un niño de tres años y otro de dos. Estaba físicamente cansada, pero mis problemas emocionales eran tantos que no sabía por dónde empezar.

Había ido a un viaje de fin de semana para la despedida de soltera de una de mis mejores amigas, Stephanie, y, para ser honesta, había intentado, con total deliberación, convencer a todos de lo bien que estaba. Quería que me vieran como una madre joven, fuerte y resiliente que lo tenía todo bajo control y muchos consejos sabios para compartir. Llevé mi Biblia y mi diario para que todos me vieran disfrutando de un tiempo de tranquilidad en la sala de estar cuando se levantaran. Fui a correr diez kilómetros (un poco más de seis millas) para que las demás se admiraran de que no me había "descuidado" (gran suspiro), y me abstuve de tomar vino en la cena. La verdad era que no tenía suficiente dinero para una copa de vino, pero quería que pensaran que lo hacía porque era muy santa.

En el camino de regreso, cuando pensaba que había aparentado con éxito que lo tenía todo bajo control, mis dos mejores amigas, Laura y Stephanie, me dijeron algo que me sacudió: una de las chicas del viaje les había preguntado si yo estaba bien, porque parecía deprimida. Estaba sorprendida y un poco molesta, y recurrí a mi excusa favorita: "¡Solo estoy cansada! ¡Tengo tres niños pequeños! Estoy bien, solo cansada". Iba en el asiento trasero (para demostrar lo servicial que era), y pude ver la mirada que intercambiaron Steph y Laura cuando escucharon mi respuesta defensiva.

—¿Ustedes creen que no estoy bien? ¿Creen que estoy deprimida? —pregunté con incredulidad.

A esto le siguió una de las intervenciones más sagradas y tiernas que pueda describir o imaginar. Ellas se turnaron para compartir en un tono amoroso los indicios que notaban ya no de mi cansancio físico, sino de otro tipo de agotamiento.

Sin embargo, yo seguía rechazando sus comentarios. Eventualmente, Laura cambió de táctica y comenzó a contarme sobre su reciente episodio de depresión y cómo Dios había usado medios físicos y sobrenaturales para ayudarla a sentirse mejor.

La manera en que describió el alivio que estaba sintiendo abrió una fuente de conocimiento, dolor y maravillosa esperanza en mí. Desde el asiento trasero, mi voz se quebró mientras pronunciaba esta frase: "¿Quieres decir... que podría... sentirme mejor?".

Cuando terminé de decirla, comencé a sollozar y no dejé de hacerlo por una hora más. Pasamos el resto del viaje planeando qué le diría a mi esposo sobre cómo me sentía y qué pasos tomaría para obtener ayuda y sanación.

Ese viaje en auto cambió mi vida.

Gracias a la terapia, la oración, la medicina, el ejercicio físico y el paso del tiempo, experimenté una renovación que tuvo un efecto profundo y amplio. Eran muchas las emociones que necesitaba experimentar y procesar, y mis amigas me dieron el permiso y la libertad para escuchar lo que mis abrumadores sentimientos tenían que decir en lugar de reprimirlos. Lo que aprendí en ese momento todavía me ayuda a mantenerme emocionalmente sana. Dios usó esa lucha contra la depresión para que yo pudiera procesar de manera saludable los sentimientos de vergüenza e ineptitud que, de todos modos, seguirán apareciendo por el resto de mi vida. Comencé a comprender, también, el daño que le estaba haciendo a mi cuerpo, mi mente y mi espíritu al ignorar mis emociones. Creo que esta es una verdad que seguiré aprendiendo, de la manera más enriquecedora, por el resto de mi vida.

Todas decimos que "no podemos más".

Todas somos susceptibles a la mentira de que seremos o pareceremos más fuertes si seguimos adelante e ignoramos nuestras emociones.

Nos parece que no tenemos tiempo para sentir o dar espacio a nuestra ira, nuestro dolor, nuestra alegría y nuestra confusión.

Nuestras emociones nos están manejando si no las manejamos nosotros. Nuestras emociones nos controlan y nos dejan exhaustas cuando no las procesamos.

Sentimos que no podemos más, pero ¿y si pudiéramos?

¿Qué pasaría si pudiéramos avanzar más despacio, escuchar nuestras emociones, dejar que nuestro cuerpo las procese y que nuestra mente rastree de dónde vienen y decida hacia dónde queremos que vayan? ¿Y si pudiéramos?

¿No cambiaría eso nuestras vidas?

Preguntas para la reflexión

1. ¿Cuál es tu respuesta típica ante las emociones: procesar, ignorar u obedecer?
2. ¿Cómo se manifiestan las emociones no procesadas en tu vida?
3. ¿Tienes algún temor de experimentar tus emociones?
4. ¿Qué mensajes, sutiles o explícitos, has recibido sobre cómo manejar tus sentimientos?

Síntomas del cansancio emocional en nuestras vidas

- Irritabilidad
- Apatía
- Lágrimas o ira sin motivo
- Cansancio o dolor físico
- Depresión
- Sensación de miedo o desesperanza

Versículos para meditar

Salmo 73:26
Podrán desfallecer mi cuerpo y mi corazón,
 pero Dios es la roca de mi corazón;
 él es mi herencia eterna.

2 Corintios 12:9
Pero Él me ha dicho: "Con mi gracia tienes más que suficiente, porque mi poder se perfecciona en la debilidad". Por eso, con mucho gusto habré de jactarme en mis debilidades, para que el poder de Cristo repose en mí. (RVC)

Salmo 34:17-19
Los justos gimen, y el Señor los escucha
 y los libra de todas sus angustias.
 Cercano está el Señor para salvar
 a los que tienen roto el corazón y el espíritu.
 El justo pasa por muchas aflicciones,
 pero el Señor lo libra de todas ellas. (RVC)

Doce

Cansancio emocional
"Soy amada y cuidada"

Estábamos en una de esas caminatas con mis amigas que empezaron con el simple objetivo de ponernos al día y hacer ejercicio, pero el de esta vez era más profundo. Mientras caminábamos un kilómetro tras otro, nuestra conversación en torno a los conflictos que enfrentamos en nuestras vidas se volvió más íntima. Mi amiga Kristen ha contribuido a mejorar mi vida en estos últimos años, y algunas de nuestras caminatas han sido transformadoras.

Lo que más me gusta de Kristen es que no nos parecemos; no nos imaginarías como hermanas del alma si nos conocieras por separado, pero Dios ha unido nuestros corazones. Kristen balancea mi insistencia con su curiosidad, mi energía con su moderación, mi pasión con su tranquilidad. Ninguna de nosotras quiere que la otra cambie; al ser opuestos que se atraen, aprendemos una de la otra.

Kristen también es terapeuta, y cuando la presento, suelo bromear sobre lo mucho que me gustaría que fuera mi terapeuta. Por mi descripción, ya te puedes imaginar que ella es una persona que establece límites saludables. Es simplemente una amiga muy sabia y reflexiva.

—¿Alguna vez has pensado en crear un contenedor para tu tristeza?

Hizo esta pregunta al llegar a la esquina que marcaba los cinco kilómetros (tres millas). No estaba segura de lo que quería decir, así que le pedí una aclaración. Su respuesta cambió mi vida.

—Jess, corrígeme si me equivoco, pero creo que tú también piensas que eres el tipo de persona que expresa sus emociones sin dejar ver lo mucho que hay debajo de ellas.

Asentí. Sabía que esto era así desde hace una década aproximadamente. La gente supone que muestro mi vulnerabilidad cuando, en realidad, siempre la escondo.

Ella continuó:

—Una vez más, tómalo o déjalo, pero me pregunto si lo que subyace a tus sentimientos no necesita salir. Me pregunto si no es más que una gran tristeza y enfrentarla te resulta aterrador.

Ella tenía razón otra vez. Le recordé que desde que me recuperé de la depresión hace más de una docena de años, me sentía como si fuera alérgica a la tristeza. No quería lidiar con ella después de haberla mirado de frente por mucho tiempo. En realidad, no me avergonzaba de mis emociones más profundas, pero le expliqué a Kristen que me preocupaba si salían a la superficie y veían la luz del día, porque nunca podría hacer otra cosa que *sentir*.

Si permitía que mi tristeza y mi duelo se sentaran a mi mesa, la abrumadora sensación de derrota que sentía por todo (desde mis recientes problemas de salud hasta las personas que se habían ido de nuestra iglesia y el bebé que habíamos perdido diez años antes) me devoraría por completo. Si destapaba mi miedo (que incluía el temor por las consecuencias de la pandemia hasta el recelo sobre la fe de mis hijos y el cuestionamiento del propósito de nuestro ministerio) y le daba cabida, no me quedaría espacio para nada más. Dudaba incluso de mi alegría y mi pasión; no podía enfrentarme a tanto y vivir normalmente.

—Por eso te sugiero un contenedor para tus emociones, un espacio que tal vez consista en un lugar físico o un tiempo estratégico, donde puedas sentir con Dios. Por supuesto, el objetivo sería acceder a tus verdaderos sentimientos con más frecuencia, pero este sería un buen comienzo. Lo más importante es que, si no creas un contenedor para tus sentimientos, estos lo invadirán y afectarán todo, de una manera que tal vez no te guste.

Ella tenía razón.

No encerraba mis emociones en un lugar que no afectara a los demás o a mí misma. Por el contrario, mi decisión involuntaria de no dar espacio a mis sentimientos causaba que se manifestaran en momentos inoportunos y de manera inconsciente. Más allá de eso, cargar con esta imaginaria caja fuerte de emociones me agotaba en todos los sentidos.

Tenía contenedores que habían funcionado bien para mí, pero no los aprovechaba de manera consciente. Había comenzado a correr unos quince años antes, en el peor momento de mi depresión posparto, como una forma de estar sola, sentir, pensar y hablar con Dios. Había utilizado la terapia en épocas difíciles como un espacio para procesar mis emociones, pero ¿qué hacía en los períodos normales?

Me di cuenta de que necesitaba contenedores cotidianos para mi duelo, mi frustración y también mi alegría diaria. Como pastora, líder, jefa y madre, era fácil para mí acompañar a los demás, pero era más difícil crear espacios para mis propias emociones. Utilicé la perspectiva de Kristen para crear contenedores más pequeños y prácticos para mis emociones: el agradecimiento cotidiano en mi diario personal, las sesiones semanales de oración en las que expresaba mi duelo o enojo con Dios, consultas más regulares con amigos y familia.

Descubrí que, cuando dejé de normalizar el ocultamiento de mis emociones, ya no eran necesarios los contenedores enormes, pues los más pequeños funcionaban de maravilla.

Compasión curiosa

Muchas de nosotras estamos emocionalmente agotadas. La vida nos desgasta y consume tanto que no podemos procesar ni contener nuestros sentimientos básicos y cotidianos. Esto puede manifestarse en estar muy sensibles, carecer de control sobre la expresión de nuestras emociones o, en el otro extremo del espectro, sentirnos tan cansadas emocionalmente que no podemos acceder con facilidad a nuestros sentimientos.

Quizás te pones a llorar tan pronto como entras a la iglesia, sin saber por qué. Tal vez les gritas a tus hijos, aunque no hayan hecho nada malo y no puedes entender la razón de tu pérdida de control. Tal vez todos te consideren un sol, pero te conviertes en un toro furioso detrás del volante. Puede ser que solo tu compañero de apartamento, tu esposo o tu terapeuta conozcan la avalancha emocional que ha estado desencadenándose dentro de ti.

Tal vez te preguntas cuándo fue la última vez que lloraste, porque es seguro que no fue en el pasado reciente. Podrías tener dificultades para expresarle tu cariño a las personas que amas porque eso te hace sentir insegura o incómoda. Quizás te resulte fácil burlarte de otras personas o juzgarlas por la emoción con que adoran a Dios, pero secretamente te preguntas si no eres tú la equivocada. Me pregunto si algunas personas en tu vida te han pedido que hables más con ellas, les des más acceso a lo que sientes y a tu vulnerabilidad, y eso te resulta imposible.

Tal vez estés en algún punto intermedio entre esos dos extremos, u oscilas sin pausa de uno a otro. La buena noticia es que, con la ayuda de Dios, podemos aprender una nueva manera de experimentar nuestras emociones, arraigada en su amor y cuidado por nosotros. La presencia de Dios, el trono de la gracia, es el contenedor más seguro para nuestras emociones, al que tenemos acceso en todo momento a través de la fe.

Mientras buscamos una forma saludable de abordar nuestras emociones, no necesitamos ir más allá de nuestro Padre amable y solícito, que hace espacio para nosotras y nuestros sentimientos. Aun cuando las emociones nos abruman, no hay sentimiento que sea demasiado intenso para Dios. Por eso, si has asumido que caminar con Dios consiste en sostener una fe estoica, sin emociones, ahora es el momento de reescribir esa historia. O si te han enseñado, de manera explícita o implícita, que Dios considera que tus sentimientos son insignificantes o molestos, me entusiasma la renovación que todas estamos a punto de experimentar.

> Cuando contemplo el cielo, obra de tus dedos, y la luna y las estrellas que has creado, me pregunto: ¿Qué es el ser humano, para que en él pienses? ¿Qué es la humanidad, para que la tomes en cuenta? (Salmos 8:3-4, RVC)

> ¿Acaso no se venden dos pajarillos por unas cuantas monedas? Aun así, ni uno de ellos cae a tierra sin que el Padre de ustedes lo permita, pues aun los cabellos de ustedes están todos contados. Así que no teman, pues ustedes valen más que muchos pajarillos. (Mateo 10:29-31, RVC)

> Él que no escatimó ni a su propio Hijo, sino que lo entregó por todos nosotros, ¿cómo no habrá de darnos generosamente, junto con él, todas las cosas? (Romanos 8:32)

> Depositen en él toda ansiedad, porque él cuida de ustedes. (1 Pedro 5:7)

Dios no desestima nuestros sentimientos. Por el contrario, se acerca compasivo para estar con nosotros mientras experimentamos este mundo. Me encanta aprender las etimologías del griego y el hebreo, y la palabra *misericordia* no es una excepción.

Si no has escuchado antes la diferencia entre misericordia y gracia, o si lo has hecho un millón de veces, pidamos a Dios que nos permita considerarlas bajo una nueva luz.

Veamos primero Efesios 2:4-5, que hace alusión a ambas:

> Pero Dios, que es rico en misericordia, por su gran amor por nosotros, nos dio vida con Cristo, aun cuando estábamos muertos en pecados. ¡Por gracia ustedes han sido salvados!

La misericordia de Dios es su compasión hacia sus hijos, compasión que tanto amamos. Según algunos eruditos de la Biblia, tanto en hebreo como en griego, es una palabra activa que denota movimiento y descenso hacia algo. La misericordia de Dios actúa cuando nos absuelve del castigo que merecemos. En otras palabras, la misericordia es no recibir lo que merecemos (la muerte por nuestro pecado), y la gracia es recibir lo que no merecemos (la compasión del Padre contra quien a menudo pecamos).

La gracia nos permite empezar de nuevo después de perder la calma durante una discusión y olvidarnos de dirigir nuestras emociones hacia donde deben ir. Por misericordia, Dios nos consuela aun en medio de esas emociones (y el pecado potencial), porque nos ama y quiere estar con nosotros pase lo que pase.

Si Dios es siempre compasivo y misericordioso con tus emociones y jamás desprecia o se enoja con nosotros por nuestra condición de seres humanos que sienten, ¿podría ser el momento de ser así de compasiva contigo misma? ¿Puede nuestra compasión ir un paso más allá?

Propongo elegir una curiosidad compasiva hacia nuestros sentimientos. La curiosidad compasiva no consiste en castigarnos, avergonzarnos o intentar reprimir nuestros sentimientos; por el contrario, significa prestarles atención con el corazón interesado en conocer sus causas. La curiosidad compasiva no supone obedecer cada sentimiento ni seguirlo ciegamente hacia la destrucción, sino observarlo, nombrarlo y discernir la mejor manera de avanzar.

Veamos el proceso paso a paso:

Préstale atención a lo que sientes cuando llega la emoción. ¿Cómo se manifiesta la ira, la tristeza, el miedo, la decepción u otro sentimiento en tu cuerpo? Obsérvalo con Dios, involúcralo en el proceso y pide al Espíritu Santo que te ayude a discernir de dónde podría venir esta emoción, por qué es tan fuerte o cuándo suele manifestarse.

Nombra la emoción lo mejor que puedas. No temas usar palabras que no estén relacionadas con los sentimientos, o recurrir a metáforas o adjetivos para ser lo más específica posible. Si es tan sencillo como "celos", puedes usar esa palabra, pero si es complejo, está bien definirlo como "una tristeza pegajosa con tintes de miedo". Recuerdo que una vez describí mi dolor como "pinchazos más que golpes", y el amigo con el que hablaba lo entendió de inmediato. Concédete la misma libertad para nombrar lo que estás experimentando.

Finalmente, tómate el tiempo para discernir la forma más sabia de avanzar respecto a una emoción. ¿Necesitas confesarla porque proviene de una creencia insalubre o impía? ¿Necesitas sentarte con Dios y permitirle que te consuele? ¿Hay algo que puedas o debas hacer para avanzar hacia la resolución de un conflicto o problema que está causando la emoción? ¿Necesitas dejarla pasar o hablar de ella con alguien más? ¿Qué te está diciendo Dios acerca de este sentimiento?

La curiosidad compasiva es la manera de observar tus emociones sin juzgarlas, mientras también te das espacio para determinar cómo avanzar de la manera más devota. En el próximo capítulo, hablaremos sobre algunos ritmos para tu vida que te permitirán usar mejor esta táctica para combatir el cansancio emocional.

Déjalo salir

Recientemente leí un libro que me proporcionó un nuevo lenguaje y una nueva perspectiva sobre los problemas con los que he estado luchando toda mi vida, y según las estadísticas, tú también.

Cuando encontré el libro *Hiperagotadas*, de Emily Nagoski y Amelia Nagoski, me sentí muy agradecida, en particular porque la evidencia científica que aporta sobre completar el ciclo del estrés cambió mi vida.

La premisa del libro es que las mujeres procesan el estrés de manera diferente que los hombres, que muchas de nosotras sufrimos del llamado "síndrome de dadora humana" en términos de Nagoski, y que necesitamos una solución científica para procesar el estrés emocional y mental que nuestro cuerpo acumula.[1] El síndrome de dadora humana es la creencia falsa de que las mujeres tienen la obligación de ser bonitas, felices, tranquilas, generosas y de estar atentas a las necesidades de los demás. Si no procesamos esta obligación a menudo implícita, sufriremos de agotamiento, un nivel de cansancio emocional, físico y mental que cuesta mucho trabajo reparar. Viviremos según una actitud derrotista, bajo la suposición de que el agotamiento es la norma y de que nunca nos sentiremos del todo capaces y preparadas para afrontar el día a día.

La premisa científica de las Nagoski es que nuestro cuerpo necesita completar el ciclo del estrés. Para eso, necesita algún mecanismo que deje salir y procesar las emociones. Sugieren una serie de ideas: respirar, correr, reír, llorar o alguna otra válvula de escape creativa. Por ejemplo, después de investigar por mi cuenta, descubrí que llorar libera oxitocina en nuestro cerebro. Es una forma innata y científicamente probada de aliviar el dolor y el estrés, que Dios puso a nuestra disposición.

Aquí tienes un ejemplo de cómo esto se ha manifestado en mi vida: después de leer *Hiperagotadas* hace un año, empecé a darle más importancia a salir a correr. He salido a correr desde que comencé a luchar contra la depresión posparto hace casi quince años, y esta práctica es uno de los contenedores que utilizo para sentir. A menudo lloro mientras corro, siempre ordeno mis pensamientos, y nunca me he sentido más conflictuada después de correr que al salir.

¿Qué pasa, entonces, cuando no puedo salir a correr? Buena pregunta.

Hace unas noches atrás, mi esposo y yo tuvimos una discusión, la primera en mucho tiempo, y no fue muy intensa. Llevamos diecisiete años casados y más de veinte como pareja, y hemos aprendido a pelearnos de una manera bastante saludable.

En esta discusión en particular, estaba enojada con él. Sentía que no me había respaldado durante un desacuerdo con uno de nuestros hijos. Él entendió mi perspectiva, y yo, la de él. Se disculpó y preguntó qué podía hacer para corregirlo, pero ya no importaba. Mi cuerpo estaba ardiendo de furia. Sentía como si salieran rayos por mis dedos, y tenía ganas de gritarle a pesar de que él se mostraba calmado, razonable y humilde.

Nos sentamos en el sofá de la sala de estar, separados por un abismo. Él sabía que todavía estaba enojada, y esperaba y ponderaba con calma cómo debía reaccionar.

La verdad era que yo sentía vergüenza y culpa, no solo por la conversación que acabábamos de sostener, sino por otras tres que había tenido ese día con nuestros hijos. En varias oportunidades, los niños me habían faltado el respeto de manera abierta o sutil. No es una experiencia poco común, y tampoco es raro que los adolescentes sean irrespetuosos mientras buscan afirmarse en la vida. Sin embargo, había tomado cada una de esas instancias como algo personal, y para el momento de la discusión con Nick, me sentía muy confundida.

Mientras él se sentaba y me observaba en silencio, intenté hacer respiraciones profundas, ordenar mis emociones y desentrañar el porqué de su intensidad. Deseé salir a correr, mientras inhalaba y exhalaba y me permitía buscar en la parte más oscura de mi alma dónde estaba la herida.

Y luego, simplemente estalló. No le había contado a Nick sobre las otras tres discusiones de ese día, y mientras mi proceso interno avanzaba y descubría la culpa y la vergüenza dentro de mí, rompí a llorar. Mientras lloraba, comencé a contarle mi día. Él me escuchó, se mostró compasivo y lamentó lo que había pasado. Cuando se acabaron las lágrimas, me quedé sentada con los ojos cerrados, respiré profundamente y noté que me sentía mucho mejor.

No podía salir a correr a las 10 de la noche, pero mi cuerpo necesitaba descargarse de otra forma: las lágrimas.

A veces, puede ser gritar (al principio, te sugiero gritar cuando estés sola para que no digas algo de lo que te arrepientas; te lo recomiendo por experiencia), a veces puede ser llorar, o a veces podrías necesitar correr, bailar o patear el suelo como un niño de dos años (también te sugiero estar sola para esto).

Cualquiera que sea tu particular forma de liberar la emoción específica de hoy, tu cuerpo la necesita. Del mismo modo, tus sentimientos deben tener su espacio en tu vida física, lo que te ayudará a completar el ciclo de estrés emocional.

Llama a un amigo

A veces solo necesitamos hablar. Podemos aprovechar al máximo la presencia y el poder de Dios que está vivo y activo en las personas que nos rodean. Me encanta hablar sobre mis sentimientos con mi gente, así que no me gusta ponerle límites a esta forma de procesar nuestras emociones. Aunque me encanta ser una persona que habla más sobre la solución que sobre el problema, necesitamos abordar algunos de los obstáculos en el procesamiento verbal de nuestras emociones, aquellos que aumentan nuestro cansancio emocional en lugar de contribuir a nuestra tranquilidad.

Procesar verbalmente nuestras emociones se vuelve poco saludable o potencialmente dañino cuando las compartimos con personas que no son incondicionales o en quienes no se puede confiar. Esto puede convertirse en un doloroso juego de prueba y error, o podemos ser cautelosos y no hablar antes de ver los frutos de la sabiduría y la confianza en la vida de otra persona. A continuación, encontrarás algunas preguntas a considerar antes de compartir tus emociones profundas con los demás:

- ¿A esta persona le gustan los chismes, compartir secretos o hablar de más? Recuerda que, si comparten secretos contigo, es posible que no sean los mejores confidentes de tus emociones y experiencias.
- ¿Esta persona vive sabiamente y recibe sabiduría de otros?
- ¿Esta persona aplica bien la gracia y la verdad a las circunstancias? ¿Utilizará la culpa o la vergüenza como armas en tu contra, o se abstendrá de ofrecerte consejo cuando lo necesites?
- ¿Ya has procesado tus emociones con varias personas? Puede ser útil obtener diferentes perspectivas sobre lo que te está pasando, pero a menudo demasiadas voces nos dejan más confundidas e inseguras. Lo peor es que

pueden hacernos sentir vulnerables y expuestas de una manera poco provechosa.
- ¿Alguna parte de ti está eligiendo procesar esta información con esta persona en particular en un intento de manipular la situación, obtener su apoyo o vincularse a ella a partir de la angustia o la frustración?
- En especial, ¿es la información que estás a punto de compartir tan delicada que podría ser mejor hacerlo con un profesional de salud mental, un pastor de confianza o un médico? Al pedirle a esta persona que te ayude a procesar tus emociones, ¿le estás pidiendo que vaya más allá de su capacidad para compartir contigo el peso de tu dolor?

No estoy tratando de ser la policía del procesamiento. Mi objetivo es asegurarme de que la experiencia de procesar tus emociones sea tan fructífera que quieras seguir profundizando en ella.

En muchos momentos de mi vida, compartir lo que me estaba sucediendo emocionalmente parecía el siguiente paso más lógico, hasta que me di cuenta de que había encendido mi fuego sin una chimenea. El dolor que experimenté después podría haberse evitado si hubiera elegido a una persona diferente. Eso sí es agotador. Nada es más cansador que un momento emocional difícil que se multiplica y se complica, cuando lo único que querías era sentirte mejor.

Soy una persona que necesita procesar, incluso cuando pienso que no lo necesito. A veces tengo un problema que parece resuelto en mi mente, pero mi claridad aumenta cuando hablo con un amigo sensato.

Al final de este libro, encontrarás recursos para encontrar un terapeuta, y si nadie más en tu vida ha avalado el beneficio de contar con un terapeuta o profesional de la salud mental confiable, es un honor para mí hacerlo. He consultado con un terapeuta de manera intermitente por los últimos quince años, y siempre es beneficioso tener una hora solo para *hablar*. La mayoría de los profesionales con los que he trabajado me han aconsejado poco, pero me han escuchado mucho. La magia, para mí, radica en tener un espacio para decir todo lo que estoy sintiendo sin avergonzarme. A menudo, mi sanación está vinculada al procesamiento: cómo rastreo y sigo mis emociones, y cómo le doy sentido a lo que Dios está operando en mi corazón y mi mente.

Ya sea con un amigo, un profesional, un pastor, un cónyuge, un hermano o tu diario, abracemos el poder del procesamiento para que nuestras emociones no sean una carga innecesaria.

Factores ambientales

Otro aspecto importante al procesar nuestras emociones es nuestro entorno físico. Tú y yo somos seres espirituales que vivimos en un mundo físico, donde ciertos comportamientos, estilos de vida y estímulos tienen un impacto genuino en nuestras emociones.

Al considerar algunos de estos factores, declaro una "Zona de No Juicio". Nada tiene de vergonzoso notar la influencia de los factores ambientales en nuestro comportamiento. Tampoco hay culpa, pero seamos honestas con nosotras mismas para poder aliviarnos y cambiar nuestra vida. Fíjate si alguna vez has usado alguna de las siguientes frases:

"Me disculpo por lo que dije cuando tenía hambre".
"Pensé que estaba deprimida y luego me di cuenta de que solo necesitaba vitamina D".
"Sé que estaba un poco irritable anoche. El vino tinto me pone así".

"Mi vida me parecía un caos, y luego me di cuenta de que solo se trataba del síndrome premenstrual".
"No podía dejar de llorar ni entender qué estaba mal, y luego recordé que solo dormí tres horas anoche".

En verdad, por más madurez emocional o espiritual que tengamos, no somos inmunes a los factores ambientales que influyen en cómo nos sentimos. No importa cuánto hables con Jesús, si estás funcionando con apenas tres horas de sueño, si tus niveles de cortisol están por las nubes, y si tienes dolor de cabeza por no usar tus gafas de sol, te sentirás alterada.

Las personas emocionalmente despiertas no niegan los factores ambientales, sino que prestan atención a aquellos que más les afectan y actúan en consecuencia.

A nadie le gusta que le pregunten si está con el período cuando está experimentando emociones intensas y, en realidad, nadie debería hacer esa pregunta. De todas formas, tú y yo podemos ser conscientes de nuestras hormonas y así estar preparadas cuando los problemas nos parezcan gigantescos. Podemos tomar vitaminas y suplementos para equilibrar nuestras hormonas, comer alimentos que ayuden al cuerpo durante la menstruación y, en general, ser un poco más gentiles con nosotras mismas durante esos días del mes.

Ejercemos nuestra autonomía cuando notamos que ciertos hábitos o rutinas afectan nuestras emociones de manera significativa. Por ejemplo, si la cafeína te hace sentir ansiosa, la falta de azúcar procesada te deprime o desvelarte viendo series en Netflix disminuye tu energía por la mañana, tengo BUENAS NOTICIAS: se trata de un cansancio emocional que tiene solución.

Debemos ir con Dios, escuchar al Espíritu Santo y a nuestro cuerpo, y tomar las decisiones que nos ayuden a amar y vivir con salud emocional. Tus sentimientos no solo son bienvenidos en esta vida, sino que son esenciales. Conocer lo que sientes y ser capaz de hacer espacio para las emociones que Dios te ha dado no te aleja de ser una mujer espiritualmente madura en Dios. Por el contrario, sentir con tu cuerpo y tu voz y manejar esos sentimientos con compasión y verdad es una de las formas más poderosas de usar la autoridad que te ha dado nuestro Padre para traer luz a este mundo.

Nuestros sentimientos son buenos y dignos de atención.

Merecen ser procesados en su totalidad para que podamos seguir sintiéndolos por el resto de nuestra hermosa, maravillosa, milagrosa y caótica vida humana.

Sigamos adelante y hagamos que el enemigo nos devuelva nuestra preciosa energía.

Consejos para el ahorro de energía emocional

- Créate el hábito de llevar un diario personal. Esta es una excelente manera de observar, procesar y hacer espacio para tus emociones.
- Presta atención a los patrones en las emociones. Observa si puedes usar menos energía anticipando su llegada de manera saludable en lugar de que te tomen por sorpresa.
- Pregúntale a Dios si tiene algo que quiere compartir contigo sobre _____ emoción. Escucha su voz, busca en su Palabra y pídele sabiduría.
- Baila, al igual que Cristina y Meredith en *La anatomía según Grey* [*Grey's Anatomy*] (ya sabes). Pon algo de música que te anime y fíjate si esas emociones empiezan a salir a la superficie.
- Si sientes tristeza, pero has reprimido tus emociones tanto tiempo que no puedes acceder a ellas, intenta ver una película dramática para conectar lo físico con lo mental.

- De manera similar, te sugiero ver algo hilarante si tienes dificultad para conectar con tus emociones. Reír, como llorar, estimula las endorfinas.
- Juega el siguiente juego con tus amigos: envía tres emojis por mensaje de texto que ilustren cómo te sientes. No es necesario explicar nada; es tan solo una forma de compartir las emociones sin tener que disculparnos.
- Utiliza una aplicación de seguimiento de tu ciclo menstrual, o guarda una nota en tu teléfono para anticipar y acomodar los cambios hormonales.
- Considera cambiar los principales factores de tu estilo de vida que afectan tu salud emocional: ejercicio, nutrición y consumo de alcohol. Aunque hacer cambios puede requerir esfuerzo al principio, son una garantía del ahorro de energía a largo plazo.

Lo que las mujeres tienen para decir

Estamos atravesando un año de grandes cambios. He estado preocupada por el futuro, por la adaptación de mis hijos, por las transiciones. Me ha ayudado desahogarme con personas de confianza que me dicen la verdad; también me ha servido escribir lo que siento y luego, lo que le diría a otra persona que estuviera lidiando con lo mismo, porque, sin duda, soy más amable con los demás de lo que soy conmigo misma. Luego trato de volver a leer las respuestas que he escrito una y otra vez.

Jessie, 38 años, madre de cuatro hijos y ama de casa

Trece

Restablece tus rutinas

Me llevó tener cuatro hijos descubrir cómo recuperarme. No me refiero a una recuperación inmediata. No estoy de acuerdo con la idea de que las nuevas mamás "se recuperen de inmediato". Después de traer una vida al mundo, el objetivo no debería ser volver a tener el mismo cuerpo, la misma energía y el mismo horario de antes. En cambio, honramos nuestra vida reconociendo dónde necesitamos hacer espacio, incluso en nuestro cuerpo. Por eso, no quería recuperarme de inmediato.

Sin embargo, sí quería recuperarme, e incluso redescubrir las partes de mí misma que sentía como sagradas y plenas antes del embarazo. Observé que después de tener a cada uno de mis primeros tres hijos, realmente me esforcé para sentirme otra vez yo misma por un largo tiempo. A pesar de mi empeño y mi firme decisión, me sentí muy desorientada y disociada por un período extenso. No podía cumplir ni mantener ninguna de las rutinas que se correspondían con la versión más saludable de mí misma.

Entonces, mi sabio e intuitivo esposo ideó un plan para después del nacimiento de nuestro cuarto bebé. Notó mi esfuerzo, solo unos días después de su nacimiento, para hacer todas las cosas: leer mi Biblia, preparar mi desayuno, guiar y amar a mis otros hijos, ducharme y vestirme, entre tantas otras que me habían ayudado a llevar antes una vida plena.

Entonces, se sentó conmigo y me sugirió algo distinto. Su idea era hacer una lista de todas las rutinas que me mantenían saludable e ir agregando una por vez. Luego, después de que cumpliera esa rutina mientras cuidaba de un recién nacido, podría emprender otra. No se trataba de hacerlo todo desde el principio. La lista comenzó siendo muy simple, se volvió más compleja a medida que progresaba, y consistía en lo siguiente:

1. Cepillarme los dientes
2. Lavarme la cara
3. Preparar mi café
4. Leer mi Biblia
5. Preparar mi comida
6. Ayudar a los otros niños a vestirse y bañarse
7. Ordenar la casa
8. Regresar a la iglesia
9. Preparar comida para los demás
10. Hacer las compras
11. Hacer ejercicio
12. Pasar tiempo en comunidad

El primer día que puse su plan a prueba, él me recordó: "Hoy, tu único objetivo es cepillarte los dientes y cuidar del bebé. Sé paciente contigo misma con relación a lo demás y permite que otros te ayuden. Luego, cuando sientas que has logrado cepillarte los dientes y cuidar del bebé, añadiremos el lavarte la cara".

Me invadieron dos sentimientos: (1) estoy agradecida por él; y (2) ... esto es ridículo, debería hacer más.

Sin embargo, al seguir el plan e ir agregando rutinas paulatinamente en lugar de hacerlo todo de una vez y frustrarme, volví a sentirme yo misma en mucho menos tiempo. Tuve compasión por mí misma y celebré cada una de esas pequeñas victorias.

Este sigue siendo mi mejor consejo para las nuevas mamás: enumera todas las rutinas que te hacen sentir como tú misma. Luego, no intentes hacerlas todas en el primer día que estés en casa después del hospital. En su lugar, hazlas una a la vez y agrega otra cuando la rutina anterior se haya convertido en eso: una rutina.

Espero no haberte confundido con la parte del parto porque no se trata de eso esta historia, sino en reestablecer las rutinas con paciencia, una por vez, en el nombre de Jesús.

Una rutina que tiene sentido

No estoy segura de cuándo fue la primera vez que escuché la distinción entre horarios y ritmos, pero sé que cambió mi vida. La premisa es sencilla: cuando programamos nuestros días, creamos un plan rígido basado en un horario. En cambio, establecer ritmos en nuestra vida crea patrones más fluidos al mismo tiempo que nos proporciona una estructura.

Un horario dice: "Me acuesto a las 10:30 todas las noches". Un ritmo dice: "Siempre me lavo la cara y tomo unos minutos para escribir en mi diario antes de acostarme". Un horario dice: "Llamo a mi mamá todos los jueves a las 10:00 a.m.". Un ritmo dice: "Hablo con mi mamá una vez por semana mientras camino por el supermercado. Es el mejor momento para ponernos al día".

Los ritmos nos dan espacio para respirar, mientras que los horarios a menudo nos preparan para el fracaso. Los ritmos son solo rutinas que tienen sentido y se adaptan a la idea fundamental de cómo queremos vivir.

Aquí está la conexión con el hecho de que tú y yo estamos cansadas de estar cansadas: no podemos luchar contra el cansancio espiritual, físico, mental o emocional sin abrazar rutinas de descanso, y nos cansaremos aún más si intentamos cada rutina al mismo tiempo.

Creo que una de las principales causas de que el descanso "no funcione" para muchas de nosotras, es intentar hacer demasiado, demasiado pronto. De la misma manera que al aprender a ejercitarnos, este es un músculo que tendremos que desarrollar con tiempo y paciencia.

La buena noticia es que, cuando añadimos rutinas de descanso a un ritmo sostenible, experimentaremos sus frutos y la alegría de hacer algo beneficioso para nosotras mismas. Esta doble victoria nos ayuda a mantener las rutinas y agregar más a medida que corresponda.

En este capítulo, quiero sentarme contigo en sentido metafórico, como lo hizo mi esposo conmigo, y enumerar aquello que más importa. Luego te enseñaré una progresión de tácticas que me parece la más provechosa. De todos modos, en última instancia, debes ejercer la autoridad y la autonomía para decidir las más apropiadas para ti.

Día de inventario

Trabajé en un comercio minorista a los veinte años. Cuando has sido vendedora, sabes que no hay nada peor que el día de inventario. En realidad, no deberíamos haberlo llamado "día de inventario" porque lo hacíamos de noche. Una o dos veces al año, tan pronto como la tienda cerraba, cada gerente y cada jefe se preparaba para una noche de *conteo*. Contábamos todo lo que estaba en la tienda y el depósito, para saber exactamente en qué situación estábamos. El inventario era un trabajo intenso, pero era la única manera de saber qué teníamos, qué sobraba y qué faltaba.

Antes de determinar qué rutinas necesitamos establecer o fortalecer para dejar de vivir agotadas, necesitamos hacer un inventario. Has leído sobre los diferentes tipos de cansancio, pero ¿cómo te sientes al respecto? ¿Cómo han cambiado tus sentimientos o creencias desde que empezaste a leer este libro? Inicialmente, tenías una idea de dónde estabas más cansada, pero ¿es todavía válida?

A continuación, te ofrezco una serie de preguntas para reflexionar, y te recomiendo que, mientras te tomes un momento para responderlas, recuerdes lo siguiente: no hay respuestas correctas o incorrectas, solo respuestas honestas. Así que, si percibes tensiones o frustraciones respecto a tu nivel actual de cansancio, no sientas que tienes que responder de inmediato. Cuando hacemos un inventario, no disfrazamos los números; debemos conocer la verdad sobre nuestra situación actual.

¿Lista? Vamos.

1. ¿Dónde experimentas más cansancio en el presente?
2. ¿Crees que hay esperanza?
3. ¿Qué sientes que es lo que más necesita cambiar para descansar en esta área de tu vida?
4. ¿Qué harías primero para efectuar ese cambio?
5. ¿Qué es lo que más te asusta de dar ese paso?
6. ¿Vale la pena arriesgarse para combatir este cansancio?

Estoy orgullosa de ti por responder a estas preguntas con tanto valor. Dios es poderoso en ti. Después de tomarte un tiempo para reflexionar, rezo para que te sientas aún más lista para determinar la secuencia correcta de rutinas que te asistirán en tu pelea contra el cansancio. Recuerda, lo haremos despacio y con firmeza. Un pequeño cambio a la vez. ¿Amén?

Rutinas espirituales

Antes de pasar a las otras formas de cansancio, ocupémonos de nuestra alma. Es imperativo que no veamos la lista a continuación como una serie de tareas que debamos completar *de inmediato*. Más bien, se trata de rutinas que podemos incorporar, una a la vez, según sea necesario. No son rutinas que Dios quiere que cumplamos; son ofrendas para nosotras, para nuestro bien, nuestra renovación y nuestro descanso. Empecemos.

- *Practica el silencio y la soledad con Dios.* Si sientes que estás actuando o esforzándote por complacer a Dios, desarrolla simplemente una rutina de sentarte con Él.
- *Renueva tu tiempo con Dios.* A veces, pasar tiempo con nuestro Padre nos parece un trabajo porque lo tratamos como si lo fuera. Por eso, elimina cualquier expectativa sobre cómo debería ser, y explora la oportunidad de lo que podría ser. Prueba alguna práctica devocional, añade música religiosa de fondo o cambia el lugar o la hora del día.
- *Desarrolla una rutina de gratitud.* Cada mañana, intento enumerar al menos cinco cosas por las que estoy agradecida. Mi propósito es asegurarme de que esté agradeciéndole a Dios por esas cosas y no solo enumerándolas sin pensar. La mayoría de la gente está de acuerdo en que practicar la gratitud es esencial y, sin embargo, no tienen una rutina de agradecimiento en su vida diaria. Prestar atención a lo que Dios ha hecho y está haciendo nos ayuda a combatir el descontento, la amargura y la derrota. Agradecerle verbalmente a nuestro Padre nos ayuda a sentirnos más vistos por Él y conectados con Él. También nos prepara para observar un día entero *cómo Dios se mueve*.
- *Practica el arrepentimiento.* Nuestra alma estará siempre cansada si no nos tomamos un momento para experimentar la emoción del arrepentimiento y el alivio que sentimos después. Para eso, confiésate con Dios, deja

que la luz de su amor ilumine el pecado en tu corazón, y recibe la gracia que es tuya para tu beneficio.
- *Memoriza las Escrituras para combatir el esfuerzo.* Durante los últimos quince años, he caminado murmurando esta frase de Romanos 8:1: "ya no hay ninguna condenación para los que están en Cristo Jesús". Para muchas de nosotras, memorizar las Escrituras puede parecer una tarea más que debemos cumplir, pero evitemos eso. En cambio, guarda en tu mente algunas frases clave para vencer el esfuerzo de actuar para Dios o para los demás. Aquí tienes algunas sugerencias: Salmo 46:10; Juan 15:3; Efesios 2:8-9.
- *Desarrolla una rutina de sabbat.* Más adelante en este capítulo, nos ocuparemos en detalle del descanso sabático y de cómo desarrollar una rutina que funcione para ti. Como ya has hecho el trabajo de encontrar los lugares donde estás más cansada, ahora posees la información necesaria para diseñar un *sabbat* adecuado para ti. Cuando digo adecuado, el significado es doble: primero, tu sabático debe ser logísticamente posible, y segundo, debe dejarte descansada. Estoy ansiosa por sumergirme en esto contigo.

Rutinas físicas

Solo tú puedes hablar con certeza de tu vida, pero para la mayoría de nosotras, dar pequeños pasos para combatir el cansancio físico afectaría las otras áreas de nuestra vida de manera exponencial. Por ejemplo, es difícil ver lo que está sucediendo en nuestro espíritu cuando nuestro cuerpo está demasiado cansado. Encontrar descanso mental y paz cuando nuestro cuerpo está cansado es complicado. Del mismo modo, es casi imposible mantener la estabilidad emocional cuando nuestro cuerpo está cansado.

Por eso, compartiré una lista de rutinas y opciones cada vez más detalladas para combatir el cansancio físico. No todas serán adecuadas para ti ni estarán al alcance en este momento de tu vida, pero no hagas lugar a la idea pesimista de que ninguna funcionará y veamos qué puede hacer Dios. Insisto en recordarte que nunca intentaremos conquistarlas todas a la vez, sino que las adoptaremos una a una para conseguir un cambio duradero en nuestra vida.

Antes de comenzar, debo recordarte que no soy una profesional de la salud, y debes consultar a tu profesional de confianza antes de hacer cualquier cambio que pueda afectar de un modo negativo tu bienestar mental o físico. Dicho esto, no creo que ninguna de estas opciones cause daño (de hecho, creo que todas ayudarán), pero es mejor prevenir que curar.

- *Desarrolla una rutina nocturna que sea relajante y revitalizante.* Una rutina antes de acostarte le indica a tu cuerpo que es hora de relajarse y prepararse para dormir. Además, la ciencia ha comprobado que una rutina nocturna reduce el estrés.[1]
- *Apaga tu teléfono o tu computadora unas horas antes de acostarte.* La exposición a la luz azul bloquea la liberación de melatonina en nuestros cuerpos.
- *Aumenta tu ingesta diaria de agua.* La deshidratación afecta nuestro ritmo circadiano —el proceso natural según el cual nuestros cuerpos y mentes cumplen un ciclo de vigilia y sueño de veinticuatro horas. ¡Además, beber mucha agua un poco antes de irte a dormir te mantendrá despierta por otras razones! Así que comienza a beber agua más temprano en el día.
- *Disminuye tu consumo de cafeína.* No estoy tratando de prohibirte el café. A mí también me encanta el café. Dicho esto, es un estimulante y afecta profundamente

nuestros cuerpos. Si a pesar de sufrir un cansancio constante, no estamos dispuestas a examinar nuestra relación con la cafeína, puede ser este el momento de reconsiderarlo. Tan solo reducir la cantidad de café que bebes y controlar en qué momento lo tomas puede tener un efecto positivo en tu cansancio.

- *Ve si puedes aumentar tus horas de sueño por la noche.* Al final del día (ese es un pequeño juego de palabras para ti), todos podríamos aprovechar más horas de sueño. No tiene que ser un aumento enorme y repentino. Intenta incrementarlas gradualmente. Si no puedes cambiar la hora de despertarte, comienza por modificar la hora a la que te acuestas. Incrementos de apenas cinco a diez minutos ya son un excelente punto de partida.
- *Haz la prueba con suplementos diarios.* En un mundo ideal, obtendríamos todos los nutrientes que nuestro cuerpo necesita de nuestra comida y nuestro entorno. Sin embargo, como no vivimos en un mundo perfecto, puede ser muy beneficioso complementar nuestra dieta con vitaminas y minerales adicionales. ¡Por eso se los llama suplementos! Algunos de los más beneficiosos para el cansancio físico son la vitamina B12, la vitamina D, la *ashwagandha*, el aceite de pescado, el hierro y el magnesio. En un mundo perfecto, en el que la atención médica estuviera al alcance de todos, mi principal recomendación sería hacerte un análisis de sangre completo para detectar tus deficiencias. Si eso no es posible, habla con tu médico y usa el método de prueba y error para ver qué te resulta mejor.
- *Modifica tus rutinas de ejercicio.* Redúcelas si son demasiado extenuantes o auméntalas si eres más bien sedentaria. Algunos estudios muestran que los efectos del ejercicio aeróbico son similares a los de los somníferos:

tomarlos puede ser útil hasta cierto punto, pero hay un límite. Si presionas demasiado a tu cuerpo sin darle *días de descanso, el exceso de ejercicio puede* provocar insomnio.

- *Piernas arriba, contra la pared.* Empecé a hacer este ejercicio de piratería corporal [*biohacking*] casi todos los días. Acuéstate en el suelo con tu trasero cerca de la pared, y levanta tus piernas hacia la pared, rectas o ligeramente dobladas. Permanece en esa posición de cinco a veinte minutos al día. Este breve ejercicio tiene múltiples beneficios biológicos. Según la WebMD, produce relajación, disminución del estrés, calma mental y alivio del dolor de espalda entre otros efectos positivos.[2]
- *Toma siestas pequeñas y rápidas durante el día.* Esta rutina no es para todos. De hecho, no es para mí. Mi esposo puede tomar una siesta de seis minutos y despertarse como una persona nueva. Si yo tomo un descanso de seis minutos, también despertaré como una persona nueva, pero no una que quieras conocer. ¡Prueba si funciona para ti!
- *Desarrolla la rutina de esperar antes de aceptar las oportunidades.* Toda la higiene del sueño del mundo no ayudará si estás sobrecargada de ocupaciones durante el día. Desarrolla un espacio alrededor de tu "sí" y no lo entregues de inmediato. Esto te ayudará a decir no cuando sea el momento adecuado.
- *Intenta exponer tu piel a la luz solar por la mañana para ajustar tu ritmo circadiano.* Los relojes internos de nuestro cuerpo son muy sensibles a la luz, y recibir luz solar natural en la mañana los alerta de que es hora de despertarse. Despertarlos justo al levantarnos nos prepara mejor para permitir que se apaguen quince horas después, cuando nos preparamos para dormir.

Rutinas mentales

Amigas, ahora es el momento de explorar algunas rutinas que ayudarán a nuestro hermoso cerebro a obtener el descanso que necesita. Como siempre, estas ideas no son para todos ni deben llevarse a la práctica todas a la vez. Así que, prueba una rutina u otra si te revitaliza y tiene sentido según tus horarios y responsabilidades.

- *Crea una rutina matutina.* De la misma manera que una rutina nocturna entrena y prepara nuestro cerebro para dormir, una rutina matutina puede alistar nuestra mente para el día que tenemos por delante. Experimenta con lo que funcione para ti: confeccionar una lista de cosas para agradecer, practicar el silencio, beber agua, leer, hacer estiramientos o actividades creativas. No te entregues al pesimismo de pensar que no funcionará para ti, y no creas la mentira de que tu rutina matutina tiene que durar más que unos pocos minutos. Incluso en temporadas ajetreadas y cambiantes, puede ser un hábito simple y efectivo. Una rutina matutina no es más que una ayuda para preparar el día, por lo que podría ser tan simple como hacer una respiración profunda, repetir "Dios me ama" y levantarte de la cama para comenzar el día.
- *Realiza descargas mentales diarias.* Una rutina que me ha servido enormemente en el pasado es realizar una "descarga mental". Enumero en una hoja de papel o una pizarra todo lo que me abruma, desde las tareas pequeñas hasta las grandes preguntas sin respuesta. De hecho, si alguien de mi equipo se siente abrumado, me encanta hacer esta actividad con ellos. También puede ser excelente para parejas.
- *Crea una lista de tareas para el día siguiente.* Uno de los factores que nos deja a todos sintiéndonos fatigados

es la sensación de que tenemos mucho por hacer y no hemos terminado con todo. Aunque soy una firme creyente de que nunca lo terminaremos todo, tener una lista nos ayuda a desconectar nuestro cerebro cuando es momento de descansar. Crea una lista de pendientes para el día siguiente, o incluso para la semana siguiente, y luego entrégasela a Dios.
- *Ponle límites a tu teléfono.* Tu teléfono no es tu jefe, pero actuará como tal si se lo permites. Tu teléfono necesita límites, no porque tú seas *débil, sino porque* la descarga de dopamina que nuestro cerebro recibe de las notificaciones es real. Así que tenemos que establecer límites para modificar nuestras respuestas. Aquí hay algunas ideas para establecer límites en tu teléfono: limita el tiempo de uso de algunas aplicaciones específicas, desactiva las notificaciones, utiliza el Modo No Molestar o el Modo Avión cuando necesites estar presente, y elimina aplicaciones que te roban tiempo o atención durante la semana.
- *Limpia los espacios que te estresan.* Nuestros ojos pueden acostumbrarse al desorden, pero nuestro cerebro a menudo no lo hace. Si los espacios físicos en tu vida necesitan una limpieza, tómate un momento para cuidar de ti misma y de tu mente y ordenarlos. Cada mañana, limpio y organizo mi sala de estar, mi cocina y la oficina de nuestro equipo antes de comenzar a trabajar, no de un modo frenético y extenuante, sino solo lo suficiente para asegurarme de que el desorden no me agobie sin darme cuenta.
- *Da paseos cortos para despejar la mente.* Puedes dar una vuelta por el estacionamiento de tu oficina, ir al buzón, caminar alrededor de la manzana con un cochecito, o escaparte a la cafetería por un rato al mediodía. Dar un paseo corto le recuerda a nuestro cerebro que

hay más en la vida que lo que está delante de nosotros. La naturaleza a menudo calma nuestro sistema nervioso, y mover un poco nuestro cuerpo ayuda a nuestro sistema suprarrenal a liberar el estrés y la tensión. Experimenta con lo que funcione según tu horario, tu mente y tu día.
- *Escribe y repite en voz alta una oración para liberarte.* Hablamos sobre el desapego benevolente en el capítulo 10. Practícalo creando la rutina de orar para soltar aquellas áreas particularmente desafiantes de tu vida. Si te encuentras atrapada por tus pensamientos, preocupaciones y obsesiones, prueba repetir la oración tanto como lo necesites.
- *Planea la semana y el mes con cuidado.* Parte de nuestro cansancio mental puede contrarrestarse con un poco de cuidado y planificación. Si no tienes la rutina de planificar los días siguientes, este puede ser un buen momento para comenzar. Hazlo en comunidad, con tus compañeros de cuarto, tu cónyuge u otras personas cercanas. Revisa el calendario, discute expectativas y deja un margen para descansar cuando sea necesario.

Me encanta empezar por escribir lo que ya me he comprometido a hacer o lo que debo hacer. Esto incluye las horas en las que necesito estar en el trabajo, los momentos en que tengo que recoger a mis hijos o aquellos en los que ya me he comprometido a pasar tiempo en comunidad. Luego, programo cómo y cuándo descansaré, porque si no lo planifico de manera deliberada, no lo haré. Esto incluye programar días libres, ejercitación (porque así es como me gusta renovarme) y una o dos salidas con mi esposo. Por último, me aseguro de que he dejado algún margen y tiempo de transición en mi agenda.

Rutinas emocionales

Ya sabes cómo es esto: no todas estas rutinas son para ti, y no debes probarlas todas a la vez. Elige la que te sirva y sostenla por un tiempo.

- *Crea un contenedor para tus sentimientos.* Ya sea un espacio físico, un momento específico o solo una rutina semanal para desahogarte, haz espacio para tus emociones e invita a Dios a entrar en ellas contigo.
- *Practica bien las transiciones.* Lo que a menudo nos impide sentir nuestras emociones es transitar a algo distinto con tal rapidez que lo hacemos sin pensar. Presta atención a tus transiciones: siéntate en el auto para reflexionar sobre tu *día antes de entrar a tu casa, toma notas mentales para volver a ellas,* y evalúa tus propios sentimientos durante transiciones importantes. En especial, es útil evitar las pantallas durante nuestras transiciones, aunque se ha vuelto muy normal recurrir a ellas cuando tenemos un margen de tiempo. Respira y revisa tus propias emociones antes de abrir la puerta a la información que amenaza con invadir tu vida desde el teléfono.
- *Crea una práctica de escritura.* La ciencia ha comprobado que el arte de escribir un diario tiene muchos beneficios emocionales y fisiológicos. Explora distintas maneras de practicarlo: escribe en la aplicación Notes en tu teléfono o en una computadora portátil. Sea lo que sea, tómate unos momentos y describe *cómo te sientes.*
- *Encuentra a alguien con quien procesar.* En la parte final de este libro, te recomiendo terapeutas, consejeros y directores espirituales. Ten en cuenta que hay muchas opciones para personas con diferentes realidades económicas y en distintos momentos vitales. Encontrar al consejero o profesional adecuado para ti puede llevarte tiempo, pero vale la pena el esfuerzo.

Unas palabras sobre el *sabbat*

Según mi registro, llevamos hasta ahora unas cincuenta mil palabras en este libro, y todavía no hemos hablado del *sabbat*. Hasta cierto punto ha sido intencional, pero ahora es el momento.

La idea del sabbat conlleva obligación, derrota y vergüenza para muchas de nosotras. Es una cosa más que no podemos hacer realidad o en la que no podemos sobresalir. Aunque es fundamental que modifiquemos esa idea, me compadezco de esos sentimientos porque también han sido míos, y, de alguna manera, lo siguen siendo.

Mi práctica del *sabbat* está lejos de ser perfecta. Es obvio que mi esposo y yo trabajamos los domingos, así que todavía estamos en el proceso de decidir el día de descanso que mejor funcione para nosotros. Desearía que ese proceso fuera estándar y sencillo, pero no lo es; a menudo, es complicado. Hemos estado practicando el *sabbat* juntos por unos ocho años, y aún no hemos encontrado la mejor opción para nosotros. Eso es lógico porque tanto nosotros como nuestra familia estamos en constante evolución.

Ni tú ni yo vivimos en una cultura centrada en el *sabbat*. La mayoría de nosotros no vivimos en Israel, donde el habitual llamado al descanso está arraigado en su cultura. Por el contrario, muchas de nuestras comunidades tienen una cultura que alaba la ocupación constante, el esfuerzo y la prisa. Tenemos muchos factores en contra. Veamos, sin embargo, lo que Jesús tiene para decirnos.

> Un sábado, al pasar Jesús por los sembrados, sus discípulos comenzaron a arrancar a su paso unas espigas de trigo.
> —Mira —le preguntaron los fariseos—, ¿por qué hacen ellos lo que está prohibido hacer el sábado?
> Él contestó:

—¿Nunca han leído lo que hizo David en aquella ocasión en que él y sus compañeros tuvieron hambre y pasaron necesidad? Entró en la casa de Dios cuando Abiatar era el sumo sacerdote y comió los panes consagrados a Dios, que solo a los sacerdotes les es permitido comer. Y dio también a sus compañeros.

El sábado se hizo para el ser humano y no el ser humano para el sábado —añadió—. (Marcos 2:23-27)

Jesús lo dijo mejor: El *sabbat* es para nosotros. Es un regalo para nosotros porque todo descanso lo es. Dios no nos pide cumplimiento o proyectos. Por supuesto, hay una medida de fe y entrega al dejar de lado nuestro trabajo y esforzarnos por confiar en Dios; aun así, ese sagrado sacrificio es para nosotros, para nuestra expresa intimidad y una mayor certidumbre en nuestro Padre.

Muchas de nosotras tratamos de llevar vidas de obediencia y devoción, pero desoímos e ignoramos esta invitación a adorar el *sabbat*. Es cierto que el *sabbat* nunca ha tenido relación con nuestra virtud o bondad, sino con la generosidad y el cuidado de Dios hacia nosotros.

Insistimos en la idea del *sabbat* como algo que cumplir o un examen que debemos aprobar porque le aplicamos reglas muy religiosas y dogmáticas. Sin embargo, Jesús, con sus discípulos, "rompe las reglas" y les recuerda que el *sabbat* es para nosotros. No es algo que tengamos que perfeccionar.

Así que no quiero abundar en palabras, pero sí compartir mi esperanza contigo mientras luchamos contra el cansancio en diferentes frentes.

La práctica del *sabbat* está diseñada a la perfección como un regalo de Dios para ayudarnos a combatir el cansancio físico, espiritual, mental y emocional que nos ha afectado durante toda nuestra vida. Es una rutina que lleva tiempo desarrollar, requiere fe y confianza para practicarla, y nos hará ir en contra de los parámetros culturales de nuestras comunidades. Siempre estaremos tentados de volverlo algo dogmático y reglamentado, pero podemos combatir esa tentación haciéndonos estas preguntas y poniendo las respuestas en práctica:

¿Puedo tomarme un día a la semana para disfrutar de Dios y su creación?
¿Puedo tomarme un día a la semana para confiar en Dios al no trabajar?
¿Puedo tomarme un día a la semana para abrazar el descanso e ir en contra de la cultura de esfuerzo constante?

El día de la semana que elijas, la planificación de tu día y las cosas específicas que intentes hacer o dejar de hacer variará enormemente según las personas y el momento. Mi recomendación es que encuentres las opciones que funcionan en tu caso y recuerdes que el *sabbat* es para ti, no algo que Dios quiere de ti.

Si eres una mamá que está físicamente agotada por cuidar de los demás, te aliento a encontrar formas de descansar tu cuerpo cuando y donde puedas. Usa platos desechables o deja que los platos se acumulen. No laves ropa al menos por un día. No ordenes los juguetes o hagas actividades extracurriculares por la noche si estás sobreestimulada y necesitas tranquilidad.

Si lo que te agobia es el cansancio mental, deja de planificar o de pensar estrategias por un día. Cierra tu computadora portátil, registra tus preocupaciones y pídele a Dios que te ayude a liberarte de ellas. Mejor aún, deja la computadora en la oficina o apaga tu teléfono.

Si te encuentras emocionalmente cansada, préstale atención a cómo te relacionas con los demás y con los medios durante tu *sabbat*. Quizás pasar un tiempo relajado y divertido en comunidad te haga bien, o tal vez necesitas practicar la autonomía y disfrutar de un tiempo a solas. Si estás emocionalmente cansada, una excelente manera de practicar el descanso es comprometerte con otras facetas de tu vida: haz algo físico o mental. Esto a menudo nos proporciona una salida más saludable para procesar nuestras emociones.

La buena noticia sobre el cansancio espiritual es que, por lo general, se combate en la persecución de una cosa: disfrutar de Dios. Haz lo que te ayude a disfrutar de Dios, y recuerda que no fuiste creada solo para trabajar para Él o para hacerlo feliz. Lee un salmo que te haya brindado paz en el pasado, escucha una antigua canción religiosa que te gusta o tan solo siéntate y habla con Él. Sea lo que sea que hagas, no intentes ganar su favor o aprobación, ni tampoco "practicar el *sabbat* correctamente".

Para muchas de nosotras, encontrar la apropiada combinación de actividades (o prescindir de ellas) para nuestro *sabbat* tomará tiempo, pero vale la pena. Hablar con las personas en tu entorno sobre tu *sabbat*, y también recibir y escuchar sus deseos, requerirá voluntad. De vez en cuando, si noto que nuestra familia necesita un reinicio, hago una reunión rápida antes de nuestro *sabbat*. Les pregunto cuáles son los deseos de cada uno, y elaboramos un plan que considere lo mejor posible a todos. Luego, suelo decir algo como esto: "Para mi *sabbat*, me gustaría no planificar. Así que, después de establecer nuestra agenda, por favor ayúdenme a descansar: no cambien de planes, no propongan otros y no me pregunten qué vamos a comer o hacer o qué ropa nos pondremos la próxima semana. ¡Se los agradezco de antemano!".

Ya sea pasar tiempo en la naturaleza, apagar tu computadora durante el fin de semana, eliminar las redes sociales de tu teléfono, dejar de lavar los platos y la ropa, tomarte un descanso de los estudios, o tener una conversación con tu jefe para pedirle más días regulares de descanso, sé que desarrollar tu propia rutina de *sabbat* requerirá valentía y voluntad.

También sé estas dos cosas: Dios es poderoso en ti, y el *sabbat* vale la pena.

Algunas ideas más sobre el *sabbat* para terminar:

Creo que, como sociedad, gastamos la mayor parte de nuestra energía jugando a ser el abogado del diablo en el tema del *sabbat*, pero nunca me ha interesado defenderlo, ¿sabes?

Hay una mentira que dice: "Esto nunca funcionará para ti. Nadie entiende tus circunstancias ni la presión a la que estás sometida. Debe ser genial tomarse un *sabbat*, pero para la gente real es algo inalcanzable".

Entonces, te pregunto: ¿de dónde viene esa voz? ¿Es la voz de tu Padre, que te ama y quiere que descanses, que ve tu valor más allá de lo que puedes producir? ¿O es la del enemigo de tu alma, que hará lo que sea necesario para robar tu descanso, matar tu paz y destruir tu intimidad con Dios y con los demás? El enemigo es el que más gana si sostienes creencias que te dejan aislada, agotada y al borde del abismo.

Subirse otra vez al caballo

Por favor, imagina que me acerco lo más posible a ti, hasta donde tu comodidad lo permita, mientras te digo lo que podría ser lo más importante que he dicho hasta ahora en este capítulo.

Prepárate para subirte otra vez al caballo, porque caerse es inevitable para todos nosotros.

También vas a fracasar a veces mientras reprogramas tus rutinas, abrazas momentos de descanso, luchas contra el cansancio, y te esfuerzas y trabajas a destajo. Vas a perder el ritmo. Tendrás una semana ocupada y abandonarás todas tus prácticas saludables. Vas a cometer errores, pero debes subirte al caballo otra vez e intentarlo.

No te ahogues en la vergüenza, no te castigues, y no decidas rendirte y creer que nunca vas a descansar de nuevo. En su lugar, solo súbete al caballo y vuelve a intentarlo. Vale la pena.

Catorce
Cambia la cultura

Cada mujer que conozco está cansada, pero también cada una de ellas es amada por un Dios que *quiere* que descansen. ¿Y si abandonáramos la actitud derrotista de aceptar el cansancio como nuestra forma de vida? ¿Y si, empezando por nosotras mismas, rompemos los lazos con la constante glorificación de la ocupación y la idolatría de una vida llena de trabajo? ¿Y si asumiéramos el desafío de honrar con devoción nuestras limitaciones y límites? ¿Y si *todo eso* fuera tan convincente que impulsara un cambio en nuestras comunidades?

Rezo para que te sientas menos cansada cuando implementes algunos de los cambios sugeridos en este libro. Quiero que tu vida se sienta diferente de verdad cuando termines de leerlo y continúes alineándote más y más con el reino de Dios. Sé que seguirás experimentando cansancio físico, espiritual, mental y emocional porque seguirás viviendo en esta tierra bajo los efectos de un mundo imperfecto. Sin embargo, rezo para que este libro te ayude a sentirte más equipada para reaccionar y responder con amor y devoción, y no sucumbir a la tentación de seguir esforzándonos hasta colapsar o no poder más.

Porque quiero que realmente te sientas mejor, todo este capítulo está dedicado a convocar a la comunidad y captar su atención. Una mujer que lucha contra el cansancio es algo maravilloso, pero toda una comunidad que modifica su forma de hablar, de moverse, de servir y de vivir cambiará el mundo. Además, quiero que compartas el camino con amigas. Así que, si aún no lo has hecho, te recomiendo que tomes una foto de la portada de este libro y se la envíes a una amiga. También, para hacértelo lo más fácil posible, puedes tomar una foto del siguiente texto:

¡Hola, amiga! ¿Has leído o escuchado algo sobre el libro *Cansada de estar cansada*? Me gustaría hablar contigo sobre él. Tal vez consigas una copia ahora mismo, o puedes pedir prestada la mía cuando termine de leerlo. ¿Te parece bien?

¡Buen trabajo! Fue fácil, ¿verdad? Bien, ahora hablemos de cómo apelar a tu gente en el nombre de Jesús.

Cambia el lenguaje

Parpadeo para contener las lágrimas de cansancio mientras conduzco hacia la iglesia. Estoy demasiado cansada para bostezar, demasiado cansada para pensar. Debería haber dormido un poco más esta mañana, pero ¿quién no? Esto es lo que hacemos, lo que se supone que debemos hacer los domingos. *Tal vez pueda tomar una siesta más tarde*, pienso, pero luego recuerdo que tengo el *baby shower* de mi prima. El resto de mi familia está fuera de la ciudad, así que es crucial que vaya en representación de los demás.

Por eso estoy yendo a la iglesia esta mañana, para estar presente en nombre de mi familia. No lo hago para mostrarme y que me vean, sino por consideración a los demás. Descansaré esta noche. ¡Ojalá!

Estoy enojada conmigo misma por quejarme. Al ver a la mujer que mantiene abierta la puerta mientras me acerco, ni siquiera puedo recordar su nombre porque mi cerebro apenas funciona en el último tiempo. Ella, en cambio, siempre recuerda el mío. Siempre está aquí. En realidad, está en todas partes. Sus hijos son perfectos, está siempre bien peinada y su vestimenta es impecable. Yo, en cambio, llego ocho minutos tarde con una mancha de café y unas ojeras que parecen moretones debajo de mis párpados hinchados.

Cuando me pregunta cómo estoy, le respondo con la misma pregunta según las normas de cortesía, y ella comienza a enumerar todos los planes de su familia para esta semana. Sin que ella me diga algo hiriente ni tenga una actitud arrogante, me alejo sintiéndome más pequeña y débil de lo que me sentía antes de entrar. Su vida es activa, ordenada y feliz mientras la mía es frenética. Siento que estoy haciendo demasiado y, aun así, debería hacer más. *¿Cuál es mi problema?*, pienso, mientras busco un asiento vacío en la iglesia.

¿Alguna vez has notado cuánto admitimos la derrota de nuestro cansancio en las conversaciones triviales? Nos encanta contar lo ocupadas, cansadas y sobrecargadas que estamos. Parece inevitable, ya sea en la iglesia, en un encuentro casual con algún conocido, o en las conversaciones con familiares y amigos.

"¡Estoy bien! ¡Muy ocupada, pero bien!".

"¡Ja! ¿Vacaciones? ¡Debe ser agradable!".

"Me siento estupenda con cinco horas de sueño por noche".

"Todo está a tu alcance, solo tienes que encontrar la manera de abarcarlo todo".

"No he tenido un día libre en las últimas semanas. ¡Ya sabes cómo es!".

"Dormiré cuando me muera".
"Soy una persona que busca complacer a los demás, no puedo evitarlo".

Construimos nuestro mundo con palabras. Las palabras que nombran nuestra capacidad, nuestra energía, nuestro descanso y nuestro ritmo cambian, de manera innegable, a los individuos y a las comunidades que nos rodean. De la misma manera, las palabras que escuchamos, recibimos y asimilamos también nos afectan.

Si ha sido difícil hacer cambios reales y duraderos en tu vida, es probable que tu comunidad no haya sido receptiva a esos cambios. Entonces, ¿cómo cambiamos la cultura? ¿Cómo ayudamos a que los demás se cansen tanto de estar cansados que comiencen a abrazar el descanso que Dios les ofrece? Debemos cambiar nuestro lenguaje respecto a nuestro cansancio para ver un cambio perdurable en nuestras comunidades y en nuestra vida personal. Debemos cambiar el lenguaje para cambiar la cultura.

La buena noticia es que tenemos mucho poder para cambiar el lenguaje porque elegimos las palabras que usamos en la comunidad. Una mujer que cambia la forma en que se refiere a su cansancio, su ritmo, su propósito, sus emociones y su capacidad mental tendrá un impacto renovador sobre las personas que la rodean. Tú puedes tener ese impacto sobre la comunidad a la que perteneces, en el nombre de Jesús.

Me encantaría compartir algunas sugerencias para cambiar el lenguaje y la cultura, empezando por nosotras mismas. Fíjate si alguna te parece significativa para ti y para las personas con las que compartes tu vida:

- *No más glorificar la ocupación constante o el cansancio.* Para la mayoría de nosotras, este cambio se produce en nuestro interior, a medida que Dios transforma nuestra mente. Podemos adaptarnos al ritmo del reino cuando dejamos de hablar con falsa modestia de lo ocupadas o cansadas que estamos. No deberíamos enorgullecernos de esto, sobre todo si sabemos que estamos sobrepasando los límites de la capacidad que Dios nos ha dado. También podemos ser cuidadosas de no alabar el cansancio y el ajetreo que nos rodean, sino mostrar compasión hacia ellos.

- *No más identificarnos como personas que buscan complacer a los demás.* El conflicto con el deseo de complacer a los demás es natural y comprensible. Como devotas de Dios y seguidoras de Jesús, no podemos hacer de esto nuestra identidad y considerarlo como algo positivo. El deseo de complacer a los demás no nos convierte en buenas servidoras y líderes, sino en idólatras, y resultará, en última instancia, en una vida agotadora en múltiples niveles.
- *No más disculparnos por decir no, por necesitar un descanso o por establecer límites.* Debemos disculparnos cuando estamos equivocados o herimos a alguien, ya sea intencionalmente o no. Si embargo, no creo que debamos hacerlo porque necesitamos descansar, lo que equivaldría a disculparnos por cómo nos ha creado Dios. Creo que tampoco debemos pedir perdón por no cumplir con las expectativas exageradas de los demás. Al principio te sentirás incómoda, pero deja las disculpas afuera de tus *límites* y verás cómo tu comunidad cambia para siempre.
- *No más minimizar la gravedad de nuestro cansancio.* No se trata de revelarle tu cansancio a cualquiera, pero entre nuestros amigos más cercanos, en nuestras relaciones más íntimas, tenemos que ser honestas sobre cómo nos sentimos. Si estás agotada *física, espiritual, mental y emocionalmente, tu gente necesita saberlo.*

Por desgracia, muchas de nosotras sufrimos en silencio, sin esperanza, porque aquellos que nos aman desconocen cuán cansadas estamos. Es hora de cambiar eso.

La excelente noticia es que cambiar el lenguaje sí funciona. Crea la oportunidad para que los demás puedan sumergir sus pies en las aguas transformadoras de un descanso real. Si bien requerirá de una honestidad valiente, es una inversión que dará continuos dividendos al ver los cambios en tu cultura.

Es hora de cambiar el lenguaje en torno al descanso. Comencemos por nosotras.

Cambia el ritmo

A las personas que ingresan en Ciudad Luminosa [*Bright City*], nuestra iglesia en Charleston, les explico que, antes de comprometerse, necesitan saber que lo mejor de nuestra iglesia es su ritmo, y también es lo peor.

Lo que quiero decir es que estamos trabajando en un contexto postcristiano y postmegaiglesia, donde quienes se encargan de llevar adelante la misión son personas que vuelven a Dios después de alguna forma de deconstrucción, de algún conflicto con la iglesia o de haber estado alejadas de la familia de Dios. Estas personas no quieren apurarse ni planificar en exceso. No se los puede arrastrar a que participen, y eso es lo que más me gusta de nuestra gente.

En consecuencia, el ritmo de nuestra iglesia es relativamente lento. No tenemos un millón de cosas programadas ni un cúmulo de ministerios. Tenemos apenas algunos grupos y un ministerio de niños. Todo lo demás es orgánico. Nuestro personal y nuestros voluntarios tienen varios domingos libres al año para descansar. Esperamos que un servicio se llene antes de añadir otro. Es hermoso y me encanta. En lo personal, para alguien como yo que participa de todas las actividades de la iglesia, asistir no es una obligación sino una elección, un privilegio.

Sin embargo, hay un inconveniente. Cuando alguien tiene una idea fantástica para un ministerio o evento y no nos parece que tengamos tiempo ni espacio para hacerla realidad, decimos que no. A un pequeño grupo de personas no le gusta que haya "domingos de *sabbat*" o días libres de reuniones devocionales, y los entiendo. Sin embargo, pienso más allá de esto, en el largo plazo. Estamos construyendo una familia y necesitamos tiempo para conocernos y descubrirnos. Si apresuramos ese proceso, las personas se cansan y se van, y la familia sufre. Por eso, te advierto que algunas veces te encantará nuestro ritmo, y otras, no te gustará tanto.

Para que el cambio sea duradero en nuestra comunidad y, por lo tanto, en nuestra propia vida, debemos efectuar un cambio colectivo en nuestro ritmo. Encuentro que las cosas se complican cuando intentamos incorporar rutinas de descanso en nuestra vida en las que participan otras personas. Da la sensación de que, cuantas más personas añadas a una ecuación, más frenética y acelerada se vuelve. Sin embargo, hay formas en las que podemos disminuir la velocidad en nuestras relaciones y trabajar juntos para cambiar el ritmo. Aquí hay algunas ideas para ti:

- *Da tiempo y espacio a las cosas para que crezcan orgánicamente.* Las relaciones suelen seguir un ritmo acelerado en las comunidades. Sentimos la necesidad de conectar lo antes posible de una manera profunda y significativa, cuando una evolución más orgánica, a menudo, resulta más saludable a largo plazo. En otras palabras, las amistades rápidas pueden ser las más agotadoras. Date tiempo a ti mismo y a los demás para conocerse mejor.

- *Decide en comunidad que no todas las buenas ideas son ideas de Dios*. Amigas, si hubiera atendido cada una de las buenas ideas que surgieron en mis conversaciones con otros, habría intentado iniciar una aerolínea (es verdad, y era una idea horrible), comprar el negocio de un amigo (del cual no sabía nada) y mudarme a Manhattan por capricho. Me encanta pensar en ideas divertidas junto a los demás, pero una de las principales formas de combatir el cansancio es reconocer que no todas las ideas, por brillantes o excitantes que parezcan, son necesariamente de Dios. Poder compartir con los demás ideas que nos entusiasman sin tener que llevarlas a la práctica es un indicio de madurez.
- *Adopta diferentes ritmos según el momento*. En este libro, hemos hablado bastante sobre atender distintas necesidades de descanso según las circunstancias, pero merece que lo pensemos también en relación con la comunidad. Cuando las mujeres desarrollan o adoptan rutinas comunitarias, la expectativa de que se sostengan en el tiempo es natural, pero a veces es imposible. A veces podemos vernos diariamente con una amiga, y eso es hermoso, y otras, un encuentro trimestral es la única posibilidad. Para que nuestra comunidad sufra menos el cansancio colectivo, debemos comunicar abiertamente nuestras actuales necesidades y posibilidades.

Invita, no incites

Es propio de la naturaleza humana aprender algo y querer compartirlo de inmediato con todos los que conocemos. No podemos evitarlo. Es posible que lo hayas hecho varias veces a lo largo de este libro. Escuchamos un sermón, vemos una publicación en redes sociales, leemos un libro y pensamos:

Guau, esta persona es un ejemplo de lucha. Desearía que lo leyeran. Es natural. Sucede. Sin embargo, tenemos otras opciones para manejar este fenómeno.

Apuesto a que, en algún momento —si no en muchos— de esta reflexión sobre tu propia vida, has pensado que sería más fácil combatir el cansancio si tal persona no hiciera _____.

Si tu esposo no planificara tantas reuniones con sus amigos sin consultarte.

Si tu madre no quisiera que la llamaras con tanta frecuencia.

Si tu jefe no exigiera un trabajo tan intenso en tu semana laboral.

Si tu pastor o líder ministerial no esperara tanto de ti.

Si tu amigo no estuviera pasando por un momento tan difícil.

Si tus hijos no practicaran tantos deportes.

Si tu grupo de amigos no se resistiera tanto a compartir sus sentimientos verdaderos.

Mi recomendación es breve y directa: invita, no incites.

Usa la curiosa compasión que te has permitido tener contigo misma y sé amable con aquellas personas en tu vida que "no saben descansar". No los juzgues y no incites la culpa o el orgullo en ellos. En su lugar, invítalos a las nuevas verdades que has estado descubriendo. Invítalos al cambio en lugar de incitar su vergüenza porque aún no lo saben todo.

Solo sabemos lo que sabemos ahora porque nuestro bondadoso Padre nos lo ha permitido. Por eso, si las personas en tu comunidad todavía no han aprendido a combatir su cansancio de forma saludable, podemos elegir tenerles paciencia mientras seguimos trabajando en establecer ritmos más beneficiosos en nuestra propia vida.

Una forma estupenda de provocar el cambio cultural es invitar a las personas que amamos (o realmente queremos amar) a liberarnos del cansancio en nuestra vida. Podemos iniciar conversaciones amorosas y pacientes sobre los tipos de cansancio que enfrentan nuestros seres queridos. Podemos hacer tiempo y espacio para escucharlos mientras reconocen su cansancio y lloran por él. Podemos preguntarles dónde se encuentran, cómo llegaron allí y hacia dónde quieren avanzar en relación con su cansancio.

Algunas de las siguientes preguntas pueden ayudarte a iniciar el diálogo:

- He oído hace unos días que estás cansada. ¿Te gustaría hablar sobre eso?
- ¿De dónde sientes que proviene la mayor parte de tu cansancio?
- En el último tiempo, he estado luchando contra mi propio cansancio. ¿Te gustaría escuchar más al respecto?

También podemos invitarlos a nuevos caminos, lugares y formas de descansar, pero se escaparán si nos acercamos a ellos tratando de incitar el cambio a partir del juicio o de la provocación. Las personas pueden cambiar por un rato cuando sienten vergüenza, pero ese sentimiento nunca traerá el resultado duradero que nuestras comunidades tanto necesitan.

Tienes una gran influencia sobre tu gente, tus amigos y tu familia. No es tu responsabilidad cambiar su mentalidad o su vida, pero puede ser un honor para ti invitarlos a algo nuevo y saludable. Luego, tendrás la alegría de ver la sanación y la renovación que llega a sus vidas, y ellos serán tus aliados en la lucha contra el cansancio. Tendrás un compañero o muchos que te ayudarán a no desviarte del camino cuando la prisa, el esfuerzo y las distracciones amenacen con instalarte en el cansancio. No estás sola ahora, pero ni siquiera te sentirás sola cuando invites a otros a acompañarte en este viaje.

Puedes cambiar tu cultura y transformar el mundo; eres una mujer que acepta el descanso que Dios le da y anima a los demás a hacer lo mismo.

Quince

Él da descanso a los que ama

La paradoja de este libro es que la aceptación del descanso es siempre una tarea incompleta, desordenada y continua. No creo que debas confiar en las personas que predican un camino unidimensional y claro para combatir el cansancio, porque el descanso es todo lo contrario a lo unidimensional y claro. Nuestra vida es compleja, desordenada, misteriosa, espiritual, mundana y sagrada. Nuestra vida no es simple, así que nuestro camino hacia el descanso siempre se parecerá más a un sendero en la selva que a un paseo por el parque.

Dicho esto, quiero asegurarme de ponernos de acuerdo sobre una última cosa antes de separarnos:

Dios da descanso a los que ama.

Y Él te ama a ti.

Entonces, cuando te preguntes si lo mereces, recuérdale a tu corazón que no puedes ganar su compasión, pero que Él da descanso a los que ama.

Cuando te sientas tentada a permanecer en lo mismo y seguir cansada para no causar molestias, recuérdale a tu corazón que no quieres rechazar su buen regalo, y que Él da descanso a los que ama. Cuando te preocupe haber exagerado un poco y haberte emocionado demasiado con esta idea, recuérdale a tu corazón que nadie está más apasionado por nuestra vitalidad que Dios, y que Él da descanso a los que ama.

Cuando las cosas vuelvan a desordenarse y tu ritmo se altere, recuérdale a tu corazón que el reino de Dios llega cuando se cumple su voluntad, y que Él da descanso a los que ama.

Estoy fascinada por John y Charles Wesley, dos de los evangelistas y padres de la iglesia más notables del siglo XVIII, que eran hermanos. Jugaron un papel significativo en la vida cristiana: John es conocido por ser el fundador de la iglesia metodista; Charles trabajó junto a él y escribió más de seis mil quinientos himnos, muchos de los cuales todavía hoy se cantan en la iglesia.

En la universidad, Charles congregó a un pequeño grupo de hombres que buscaban la "santidad de corazón y vida", llamado "El Club Santo" por aquellos que no pertenecían a él.[1] Estos hombres se reunían varias veces a la semana y se dedicaban a caminar con Dios. Oraban, estudiaban la Palabra y juntos ayudaban a los pobres, y proponían una serie de preguntas para revisar regularmente el estado de sus almas en comunidad.

Se dice que la historia detrás de las veintidós preguntas es la siguiente: en sus reuniones, los hombres se preguntaban unos a otros: "¿Está ardiendo tu corazón por Jesús?". Si alguien no podía afirmar o dar testimonio de una devoción ardiente, trabajaban a través de este conjunto de preguntas para descubrir dónde radicaba la desconexión con Dios.[2] Son preguntas hermosas para la autorreflexión, y después de escuchar esta historia, las incluí al comienzo de mi diario personal. No las considero vigilantes de mi responsabilidad, sino una guía útil para comprender cómo recibo lo que Dios me ofrece. No las compartiré todas aquí, pero estas son algunas de mis favoritas para tu referencia:

- ¿Vivió la Biblia en mí hoy?
- ¿Insisto en hacer algo que me causa malestar en la conciencia?
- ¿Me siento derrotada en algún aspecto de mi vida?

Pienso, entonces, si tú y yo, y todas las mujeres cansadas de estar cansadas que forman este colectivo, podríamos empezar nuestro propio club. ¿Podríamos ponernos de acuerdo en vivir como hijas de Dios, y no como mujeres exhaustas que viven como si esto fuera todo lo que hay para nosotras? ¿Deberíamos llamarlo el "Club de Mujeres Despiertas"?

Si estás dispuesta a asociarte, no es requisito que cambies cada aspecto de tu vida de inmediato. Tampoco significará que debas dejar tu comunidad o convertirte en una persona distinta. Se trata más bien de transitar nuestra vida examinando nuestro corazón y evaluando nuestro ritmo para reflexionar sobre las siguientes preguntas: ¿Estoy viviendo como si Dios diera descanso a los que ama? ¿Recibo lo que Dios me ofrece en lugar de vivir en piloto automático espiritual, físico, emocional y mental?

Para finalizar este recorrido que hemos hecho juntas e iniciar nuestro camino, ecléctico y milagroso, hacia una vida más descansada, propongo algunas preguntas para reflexionar. Quizás quieras escribirlas en la primera página de tu diario o pegarlas en el espejo del baño. Rezo para que no las sientas como una condena, sino como una invitación a examinar si estás viviendo plenamente despierta al amor de Dios.

Vamos juntas a ellas.

1. ¿Estoy cansada en la actualidad, y si es así, de qué manera?
2. ¿Cómo percibo la actitud de Dios hacia mí y mi cansancio?

3. ¿Estoy tratando de superar mi cansancio de una manera que Dios no me ha pedido?
4. ¿Siento orgullo o vergüenza por mi nivel de cansancio?
5. ¿Se siente mi corazón espiritualmente cansado?
6. ¿Estoy tratando de ganarme la aprobación o el afecto de Dios?
7. ¿Sigue siendo el evangelio real para mí?
8. ¿Está mi cuerpo físicamente cansado?
9. ¿Estoy esforzándome más allá de mis límites físicos para probar algo, a mí misma o a los demás?
10. ¿Creo que soy más responsable que Dios en alguna situación?
11. ¿Está mi mente cansada?
12. ¿Estoy dándole espacio al silencio, a la soledad y al descanso mental?
13. ¿Sigo creyendo en el poder milagroso de la paz que sobrepasa todo entendimiento?
14. ¿Estoy emocionalmente cansada?
15. ¿He creado espacio para procesar mis emociones, conmigo misma y con Dios?
16. ¿Hay sentimientos que pesan sobre mi espíritu, que debería confesar y reconocer, y que requieren acción de mi parte?
17. ¿Reflejan mis rutinas diarias una vida de gracia, paz y bondad divinas?
18. ¿Estoy invitando a otros a compartir rutinas de descanso conmigo?
19. ¿Quiero seguir viviendo agotada, o quiero hacer un cambio en mi vida?
20. ¿Creo que Dios da descanso a los que ama?

Rezo por ti, para que, si decides hacerte alguna de estas preguntas, no trates de encontrar la respuesta "correcta" o de hacer lo "correcto". Rezo para que sientas el amor y la compasión de Dios en ti, y para que su gracia te impulse a una respuesta honesta que te guíe hacia una intimidad más profunda.

Estoy muy agradecida de que hayas estado tan cansada de estar cansada como para leer este libro. Estoy muy agradecida de que hayas recorrido conmigo historias, versículos bíblicos y metáforas mundanas para examinar más a fondo por qué llegamos a este lugar y cómo podemos avanzar.

Lo que sigue depende completamente de ti.

Si has llegado hasta aquí, tengo la sensación de que nunca volverás a aceptar una vida de cansancio, de que nunca más elegirás vivir a ciegas, ocupada, distraída, derrotada y exhausta solo porque es más fácil, de que lucharás por mantenerte plenamente despierta.

Te prometo que yo también lo haré.

Estoy contigo. Dios está contigo. Y Él da descanso a los que ama.

Agradecimientos

Padre, te agradezco por amarme lo suficiente como para seguir a mi lado durante todos los años en los que huía del descanso.

Jenni Burke y Stephanie Smith: no puedo creer la oportunidad que he tenido de escribir tantos libros con ustedes como mis parteras. Gracias por sentarse conmigo en una sala de conferencias en Michigan mientras lloraba por lo cansada que estaba. Creo que Dios usó ese día de una manera poderosa. Jenni: gracias por creer en este mensaje antes que nadie. Stephanie: gracias por hacer de él lo que es.

Rebekah Guzman y Kristin Adkinson: gracias por el interés y cuidado que pusieron en su trabajo de edición. Saber que mujeres sabias como ustedes me respaldan me permite ser valiente.

Mark Rice, Eileen Hanson y el resto del equipo en Baker: no hay nadie como ustedes en el mundo editorial. Todos son generosos, son fieles al reino y atentos a los lectores, y hacen que mi trabajo sea un sueño hecho realidad.

John Mark McMillan: gracias por el álbum *Live at the Knight*. Ha sido la banda sonora de cada libro que he escrito, pero para este en particular, necesité esas canciones en mis oídos para que las palabras vinieran a mí.

Al equipo y a cada una de las *coaches* en Vayan y Cuenten Mujeres: [*Go + Tell Gals*]: este libro es para nosotras. No me preocupa el "éxito" (sea lo que sea que eso signifique); solo me preocupa que no descansemos. Dejaré de preocuparme ahora que todas nos hemos unido a este club.

Aspen y Hampton: sé que no las he dado a luz, pero pude ver a sus respectivas madres traerlas al mundo mientras escribía este libro. Pensaba en ustedes, rezaba por ustedes y las arrullaba cada día que me sentaba a escribir. Ustedes cambiarán el mundo, son el futuro, y estamos ansiosas de ver lo que Dios hará en sus vidas. Abracen a sus mamás, seres increíbles que son todo para mí.

Mamá, Katie y Caroline: gracias por los paseos en barco, los mensajes, los ángeles de los cuatro puntos cardinales, los oscuros patios traseros, los viajes por carretera, su amistad, y por ser mi familia. Las quiero mucho.

Niños Connolly: esto es un agradecimiento y una disculpa por el tiempo que me tomó cansarme de estar cansada. Rezo para que, por el resto de sus vidas, encuentren en mí y en su papá un muelle acogedor donde desembarcar.

Nick Connolly: este libro, más que cualquier otro que haya escrito, está inspirado en ti. Siempre has vivido según el ritmo del reino; yo solo intento seguir tus pasos (o desacelerar). Gracias.

Recursos

Dirección Espiritual
The Transforming Center:
Ofrece directores espirituales que puedes consultar en todo el territorio de Estados Unidos, así como retiros y otros recursos. Más información en TransformingCenter.org.

Terapia
Faithful Counseling:
Terapia cristiana en línea. Más información en FaithfulCounseling.com.

Onsite:
Talleres y retiros presenciales y virtuales que ayudan al crecimiento personal y al bienestar emocional. Más información en OnsiteWorkshops.com.

Open Path Psychotherapy Collective:
Conecta a quienes lo necesitan con profesionales de salud mental que ofrecen terapia a precios asequibles. Más información en OpenPathCollective.org.

Notas

Capítulo 1: Nuestro cansancio es profundo
1 Kim Elsesser, "Las mujeres sufren la 'brecha de agotamiento' según un nuevo estudio". ["Women Are Suffering from an 'Exhaustion Gap' according to New Study,"] *Forbes*, 14 de marzo de 2022. https://www.forbes.com/sites/kimelsesser/2022/03/14/women-are-suffering-from-an-exhaustion-gap-according-to-new-study/

2. Seema Khosla, "El reparador sueño nocturno es más común en los hombres que en las mujeres" ["Restful Night's Sleep More Likely for Men than Women"] *HealthDay*, 20 de mayo de 2022. https://consumer.healthday.com/b-5-20-restful-night-s-sleep-more-likely-for-men-than-women-2657336717.html.

Capítulo 5: Cansancio espiritual: "Solo necesito sobrevivir las próximas semanas"
1. C. S. Lewis, *The Joyful Christian* [*El cristiano alegre*] (New York: Simon and Schuster, 1996), 138.

Capítulo 7: Cansancio físico: "No puedo rendirme"
1. Timothy Keller, *How to Reach the Christian West: Six Essential Ingredients of a Missionary Encounter* [Cómo llegar al

Occidente Cristiano: seis ingredientes esenciales de un encuentro misionero.] (New York: Redeemer City-to-City, 2020), 30.

2. Keller, *How to Reach the Christian West* [Cómo llegar al Occidente Cristiano], 30.

Capítulo 9: Cansancio mental: "Mi cerebro está quemado"

1. David Burkus, "Research Shows That Organizations Benefit When Employees Take Sabbaticals" ["Una investigación revela que las empresas se benefician cuando los empleados toman sabáticos"], *Harvard Business Review*, 10 de agosto de 2017, Harvard Business Review.

2. Burkus, "Organizations Benefit When Employees Take Sabbaticals." ["Las empresas se benefician cuando los empleados toman sabáticos"]

3. Ruth Haley Burton, *Una invitación al silencio y a la quietud: Viviendo la presencia transformadora de Dios*, (New York: HarperCollins Christian Publisher, 2008), 25.

4. Dr. Caroline Leaf, *Enciende tu cerebro: La clave para la felicidad, la manera de pensar, y la salud.* (New Kensington, Pennsylvania: Whitaker House, 2024), 93-94.

5. *El ala oeste de la Casa Blanca*, temporada 3, episodio 11, "H. Con-172", dirigido por Vincent Misiano, escrito por Aaron Sorkin, Eli Attie, y Felicia Willson, protagonizado por Robert Lowe, Dulé Hill y Allison Janney, emitido el 9 de enero de 2002, en NBC.

Capítulo 10: Cansancio mental: "La paz es mi derecho de nacimiento"

1. Las palabras se corresponden con la versión de la RVC.

2. John Eldredge, *Recupera tu vida: Hábitos cotidianos para un mundo enloquecido* (New York: HarperCollins Christian Publisher, 2020), 16.

3. Eldredge, *Recupera tu vida*, 16.

Capítulo 12: Cansancio emocional: "Soy amada y cuidada"
1. Emily Nagoski y Amelia Nagoski, *Hiperagotadas: Acaba con el Burnout, domina el estrés y recupera tu calidad de vida* (México: Diana, 2021).

Capítulo 13: Restablece tus rutinas
1. Danielle Pacheco y Heather Wright, "Rutinas a la hora de acostarse para adultos" ["Bedtime Routines for Adults"], Sleep Foundation, actualizado el 23 de junio de 2023, https://www.sleepfoundation.org/sleep-hygiene/bedtime-routine-for-adults.
2. Martin Taylor, "Qué debemos saber sobre la postura de yoga 'piernas arriba y contra la pared'" ["What to Know about Legs-Up-the-Wall Yoga Pose"] Jump Start de WebMD, reseñado por Jabeen Begum, MD, 11 de noviembre de 2021, https:// www.webmd.com/fitness-exercise/what-to-know-legs-up-wall-yoga-pose.

Capítulo 15: Él da descanso a los que ama
1. Joe Iovino, "El método del metodismo temprano: El Club Santo de Oxford" ["The Method of Early Methodism: The Oxford Holy Club"], *United Mehodist Communications*, 20 de septiembre de 2016, https://www.umc.org/en/content/the-method-of-early-methodism-the-oxford-holy-club.
2. Iovino, "Método del metodismo temprano".

Jess Connolly

es la autora de varios libros, entre ellos *You Are the Girl for the Job* [Tú eres la chica para este trabajo] y *Breaking Free from Body Shame* [Liberarse de la vergüenza corporal]. También es coautora de *Wild and Free* [Salvaje y libre]. Junto con su esposo, Nick Connolly, fundó la iglesia Ciudad Luminosa en Charleston, Carolina del Sur, donde viven con sus cuatro hijos.

Como *coach* principal, fundadora de Vayan y Cuenten Mujeres [*Go + Tell Gals*] y anfitriona del *Podcast de Jess Connolly*, está dedicada a inspirar en las generaciones venideras una devoción cada vez mayor por la grandeza de Dios. Sus pasiones incluyen su familia, sus discípulas, la Palabra de Dios y su iglesia local.

Para ponerte en contacto con Jess, visita:

JessConnolly.com

JessConnolly

JessAConnolly

JessAConnolly